Dov Schwartz

•

Religious-Zionism
History and Ideology

Academic Studies Press
2009

Дов Шварц

Религиозный сионизм

История и идеология

Academic Studies Press

Библиороссика

Бостон / Санкт-Петербург

2021

УДК 94(=411.16)
ББК 63.3(5Изр)
Ш33

Перевод с английского Александры Глебовской

Серийное оформление и оформление обложки Ивана Граве

Шварц Д.
Ш33 Религиозный сионизм: история и идеология / Дов Шварц ; [пер. с англ. А. Глебовской]. — Санкт-Петербург : Academic Studies Press / Библиороссика, 2021. — 200 с. — (Серия «Современная иудаика» = «Contemporary Jewish Studies»).
ISBN 978-1-6446956-0-9 (Academic Studies Press)
ISBN 978-5-6046148-0-8 (Библиороссика)

Эта книга посвящена истории религиозного сионизма — составной части общественной жизни и политики современного Израиля. Явление рассматривается историческом и идейно-теологическом ключе, раскрывая детали того, как человеческая инициатива привела к непосредственным и на удивление решительным действиям в форме откровенного бунта против пассивности еврейского народа в изгнании, а также отказа дожидаться божественного избавления. Исследование охватывает период с 1902 года, который автор считает годом основания данного движения, и до настоящего времени.

УДК 94(=411.16)
ББК 63.3(5Изр)

ISBN 978-1-6446956-0-9
ISBN 978-5-6046148-0-8

© Dov Schwartz, text, 2009
© Academic Studies Press, 2009
© А. В. Глебовская, перевод с английского, 2021
© Оформление и макет ООО «Библиороссика», 2021

Дов Шварц

Религиозный сионизм

История и идеология

Academic Studies Press

Библиороссика

Бостон / Санкт-Петербург

2021

УДК 94(=411.16)
ББК 63.3(5Изр)
Ш33

Перевод с английского Александры Глебовской

Серийное оформление и оформление обложки Ивана Граве

Шварц Д.
Ш33 Религиозный сионизм: история и идеология / Дов Шварц ; [пер. с англ. А. Глебовской]. — Санкт-Петербург : Academic Studies Press / Библиороссика, 2021. — 200 с. — (Серия «Современная иудаика» = «Contemporary Jewish Studies»).
ISBN 978-1-6446956-0-9 (Academic Studies Press)
ISBN 978-5-6046148-0-8 (Библиороссика)

Эта книга посвящена истории религиозного сионизма — составной части общественной жизни и политики современного Израиля. Явление рассматривается историческом и идейно-теологическом ключе, раскрывая детали того, как человеческая инициатива привела к непосредственным и на удивление решительным действиям в форме откровенного бунта против пассивности еврейского народа в изгнании, а также отказа дожидаться божественного избавления. Исследование охватывает период с 1902 года, который автор считает годом основания данного движения, и до настоящего времени.

УДК 94(=411.16)
ББК 63.3(5Изр)

© Dov Schwartz, text, 2009
© Academic Studies Press, 2009
© А. В. Глебовская, перевод с английского, 2021
© Оформление и макет ООО «Библиороссика», 2021

ISBN 978-1-6446956-0-9
ISBN 978-5-6046148-0-8

Предисловие

Данная книга посвящена истории религиозного сионизма, который рассматривается в историческом и идейно-теологическом ключе. Основная моя посылка заключается в том, что религиозный сионизм невозможно понять до конца в рамках одного лишь исторического описания, равно как и с одной лишь общественно-политической или философской точки зрения.

Книга основана на следующей периодизации: за год основания религиозного сионизма принимается 1902-й, год создания «Мизрахи», тогда как корнями своими он уходит в движение «Хибат Цион». До определенной степени по своему мировоззрению религиозный сионизм является продолжением трудов Мордехая Элиасберга, Шмуэля Могилевера и Нафтали Цви Берлина (Ха-Нецива), лидеров «Хибат Цион», показывавших своей деятельностью и духовным влиянием, к примеру, что идеал национального возрождения достижим только через открытость общечеловеческой культуре. Некоторые исследователи датируют возникновение религиозного сионизма концом XIX века и даже более ранним периодом. Действительно, в историографии религиозного сионизма постоянно делаются попытки продемонстрировать непрерывность его развития; с этой точки зрения первым сионистом был Авраам, а эмиграция Нахманида в Эрец-Исраэль стала одной из вех в достижении религиозно-сионистского идеала.

Мой подход, напротив, основывается на том, что создание «Мизрахи» стало подлинной революцией. Именно в этот момент религиозный и раввинистический миры вступили в официальную политику и, до определенной степени, откликнулись на требования современности. Именно в этот момент религиозные евреи признали, что для достижения их целей необходимо добиться признания со стороны светской политической организации (Всемирной сионистской организации), необходимо принимать участие в ее деятельности. Тем самым последователи Ицхака-Якова Рейнса и Зеева Явица признали, что процесс возвращения народа в свою землю теперь возглавляет светская организация, цель которой — создание светского государства и светской культуры. Члены «Хибат Цион» не сделали этого шага и не пошли на сопряженный с ним кризис идентичности. Соответственно, датой возникновения религиозного сионизма можно считать тот момент, когда «Мизрахи» стала частью Всемирной сионистской организации.

Благодарю «Брил» за разрешение включить в текст книги видоизмененный текст написанных мною статей для «Энциклопедии иудаизма» под редакцией Якоба Нейзнера, Алана Авери-Пека и Уильяма Скотта Грина. Благодарю доктора Рафаэля Йоспе за его комментарии и Давида Лувиша за перевод на английский предыдущего варианта первой главы.

Перевод на английский выполнен Батей Стайн, у которой получился внятный, плавный и единый текст, я ей очень за это признателен.

Глава первая
Революционная сознательность

С самого момента возникновения религиозного сионизма (1902) связанные с ним мыслители вдохновлялись духом революции. Однако если революционная мотивация светских сионистов хорошо известна, задокументирована и изучена, то религиозному сионизму повезло меньше[1]. При этом приверженцы религиозного сионизма были сторонниками сионистской революции, а масштабы и глубина их революционных побуждений выглядят особенно впечатляющими на фоне консервативного традиционализма, который был свойственен сионистскому движению во все время его существования.

Если говорить о мессианской и политической идее в иудаизме, само по себе появление религиозно-сионистской идеологии было революционным шагом. Впервые в истории человеческая инициатива привела к непосредственным и на удивление решительным действиям в форме откровенного бунта против пассивности еврейского народа в изгнании, а также отказа дожидаться божественного избавления. Еще одним аспектом этой революционной составляющей стало желание создать новый тип религиозного еврея, «человека, получившего избавление», который готов откликнуться на призыв к созданию современного политического объединения и пересмотреть свои религиозные воз-

---

[1] Так, переводчики классического трехтомного труда Давида Виталя по истории сионизма (на иврите: Тель-Авив: Ам Овед, 1978–1991) дали ему название «Сионистская революция».

зрения в свете такой необходимости. Вступление на арену официальной политики, ознаменовавшееся созданием движения «Мизрахи» — политического оплота религиозного сионизма, — стало важной вехой на пути к революционным воззрениям и институционализации. В этой главе моя задача состоит в том, чтобы охарактеризовать основные черты революционных воззрений религиозных сионистов.

Определение

Определяя себя как группу, религиозные сионисты были не согласны с понятием об общине как единственной форме самовыражения религиозного (а точнее — соблюдающего определенные религиозные обряды) меньшинства. При всей своей высокой организованности, такие общины не имели национально-суверенных черт и находились под властью нееврейского большинства. Религиозные сионисты стремились получить национальный статус, причем под «нацией» подразумевалась политически и религиозно независимая общность с собственной территорией, языком и прочими национальными признаками. Соответственно, религиозные сионисты тяготились существовавшим на тот момент статусом изгнанников и добивались иного: «Мы намерены создать нечто новое» [Avi'ad 1962: 117][2].

Одним из следствий стремления перейти от общины к нации стало отрицание *галута* — существования в изгнании еврейского народа, который был вынужден покинуть родную землю. Религиозные сионисты утверждали, что их движение «основано на полном признании догматов иудаизма» и на их «исторических духовных ценностях, но при этом свободно от влияния галута (изгнания)» [Landau 1935: 27][3]. Один из ведущих духовных наставников движения сравнивал галут с «могилой для трупа на-

---

[2] Авиад был лидером религиозных сионистов в Германии.
[3] О различных аспектах отрицания галута религиозно-сионистскими мыслителями см. [Don-Yehiuah 1992: 129–155].

шей нации» [Kook Zwi 1983: 80]. Р. Элиезер Беркович, видный религиозный сионист и мыслитель, служивший раввином в Сиднее и Бостоне, отмечал, что галут считается ненормальным состоянием, несмотря на то что в изгнании евреи живут дольше, чем в Эрец-Исраэль [Berkovits 1973: 120]. Для мыслителя, придерживающегося взглядов религиозного сионизма, галут был эпизодом аномального характера, по сути — отрицанием подлинной национальной идентичности, а возвращение национального очага и языка должно было стать «возвращением к себе, к корням нашей индивидуальности» [Bernstein 1956: 87]. Галут предполагал безземельность, а национальное возрождение — «жизнь на лоне природы» [Aminoah 1931a: 105]. Галут возвел преграду между сакральным и профанным, между Торой и мудростью, а национальное возрождение предполагает возвращение к единству и всей полноте святости[4].

Некоторые мыслители-сионисты, в особенности религиозные, придавали особую важность возрождению еврейского народа как единой нации, противопоставляя себя тем самым большинству характерных для еврейского социума периода эмансипации движений[5]. Необходимость достижения национального статуса превратилась в догму, в базовый принцип, лежащий в основе иудаизма: «Тот, кто не верит в будущее еврейского народа на его исторической родине, лишает Тору ее смысла» [Glasner 1961: 67][6]. Отказ от «галута с его негативностью»[7] сделался магистральной целью.

Само по себе создание «Мизрахи» как независимой фракции внутри Сионистской организации ознаменовало собой кардинальный сдвиг: от участия и членства религиозных евреев в организациях и движениях (например, в «Хибат Цион») к институализированному участию в политике. Это переломный момент

---

[4] Моше-Цви Нерия, от лица рава Кука, опубликовано в [Avneri 1988: 64].

[5] См. [Maimon 1965: 96].

[6] Гласнер стал одним из первых раввинов в Венгрии, поддержавших сионизм. См. также: [Schwartz 2002b: 8; Schwartz 1997b: 31–33, passim].

[7] Термин был предложен Моше Уной в: [Unna 1955: 63].

в истории политической мысли традиционного иудаизма. Многие представители религиозно-сионистского лагеря стояли на позициях марксизма, полагая, что сам факт вступления в организацию является проявлением революционной сознательности. Многие молодые евреи, включая коллегу и ученика Рава Кука — Давида Коэна (известного как Ха-Назир), на рубеже веков участвовали в революционном движении в России. Притесняемые и эксплуатируемые евреи воспринимались как аналог пролетариата, их путь к избавлению виделся в создании организации, которая подчеркивала бы их особый статус. Еще один аспект политических изменений, который религиозный сионизм привнес в мир традиционного иудаизма на достаточно ранней стадии существования «Мизрахи», — это само использование современной политической терминологии, несущей в себе зачатки будущих форм государственного управления.

Итак, решительное отрицание религиозными сионистами галута и их стремление изменить самоопределение нации стали явственными проявлениями бунтарского, революционного духа. Этот революционный дух, подразумеваемый самим фактом создания политической организации, особенно очевиден в свете известного изречения Нахума Гольдмана: единственным еврейским государственным деятелем за тысячи лет изгнания был Мессия. Примечательная имплицитная мысль о том, что политические организации существовали до прихода Мессии, часто прослеживается и в рассуждениях по поводу мессианского статуса современного Государства Израиль[8].

Мессианско-теологическое значение

Религиозный сионизм придавал легитимность человеческим попыткам повлиять на события божественного и космологического характера, такие как избавление и возрождение еврейской

---

[8] См. книгу Шломо Горена, бывшего главного раввина Израиля: [Goren 1996b: 18–27].

нации. Действительно, события космологического характера предполагали как минимум толчок со стороны человека. Чисто божественные действия перестали быть единственным фактором, определяющим судьбы человечества и мира. Революционным здесь было представление о том, что смертный человек в принципе способен занять место Бога и проложить путь к избавлению. Даже мыслители с наиболее апокалиптическим складом ума, такие как рав Рук, его ученики и «праученики», считавшие грядущее избавление безусловным чудом — особенно в части неминуемого воскресения мертвых, — вынуждены были признать, что начало этому процессу положено людьми и ход его доверен им же.

Религиозные сионисты прекрасно сознавали факт теологической революции, заключавшийся хотя бы в том, что они видели себя активными со-участниками избавления, — это прослеживается уже в трудах отца-основателя религиозного сионизма рабби Ицхака Яакова Рейнеса. Рейнес открыто связывал движение «Хибат Цион» с грядущим избавлением, очень часто прибегая к типично апокалиптическим формулировкам[9]. Считалось, что Бог ждет, когда процесс избавления будет запущен смертными, а сам вмешается только после этого: «Неожиданные плоды человеческих начинаний воплотятся в форме таинственных проявлений божественного вмешательства» [Berkovitz 1973: 156]. Воздействие этого подхода на представления о божественности и божественном провидении представляется фундаментальным, но обсуждать его здесь нет смысла.

В то же время Эрец-Исраэль была как бы перенесена с небес на землю: из божественно-духовной горней обители она превратилась в конкретную территорию, имеющую темпоральную привязку. Хотя ее божественное измерение как Святой земли было не только сохранено, но даже еще и усилено и расширено, однако теперь оказалось обнажено и ее ранее скрытое темпоральное измерение. Связь народа с его родиной, некогда существовавшая в форме абстрактного пассивного устремления,

---

[9] Обсуждение и цитаты см. в [Shapira Y. 1997: 133–135]. Ср. [Nehorai 1991].

теперь могла сосредоточиться на конкретной стране: «Исконное право еврейского народа на свою землю не является абстракцией, и смысл его не ограничен областью его особых духовных свойств» [Goren 1996a: 643]. К этому «спуску» Святой земли с метафизических высот в практический мир сформировалось два подхода. Некоторые видели в этом явлении переход от внутреннего божественного к внешнему божественному, другие же считали, что земля, так сказать, сама «затянет» в себя Бога — имелось в виду божественное присутствие в самой местной почве[10]. В любом случае, абстрактное божество получило привязку к конкретной земной территории — и этот теологический шаг стал революционным в контексте традиционного мышления.

Антропологическое значение

Религиозный сионизм, по сути, стремился к созданию новой антропологической модели: мессианского мира религиозного типа[11]. Самые первые сторонники религиозного сионизма проводили строгое различие между человеком из галута — эгоистичным, самоуглубленным — и новым человеком, действия которого определяются нуждами общины[12]; между инстинктивной религиозностью и религиозностью, основанной на осознанном целеполагании[13]; между депрессивным психологическим состоянием страха и трепета и душевным здоровьем[14]; между отмежеванием от общей культуры и вовлеченностью в нее.

---

[10] Об этих подходах см. в [Schwartz 1997b].

[11] Здесь присутствует явственная параллель со светско-сионистским мифом о «новом еврее». См. [Shapira A. 1997: 155–174].

[12] См. [Glasner 1961: 72].

[13] См. [Kook 1980, 1: 30].

[14] См. [Kook Zvi 2004, 1: 136–137]. Его современник, раввин и религиозный сионист Шломо Авинер, писал: «Как страх принадлежит изгнанию и мужество проявляется в эпоху избавления, так и самоуничижение перед христианами присуще изгнанию... в противоположность тому, что теперь многие среди нас публично выпрямляются во весь рост» [Aviner 1983, 2: 184–185].

Религиозные сионисты часто отмечали практические, внешние достижения сионизма: преображение всего народа, волны иммиграции в Эрец-Исраэль, ее застройку и восстановление сельского хозяйства, дух первопроходчества, возрождение иврита как разговорного языка, создание современного еврейского образования — все эти достижения, будучи прочно укорененными в почве истории, представляли собой развивающийся процесс. При этом, как отмечал Авиад, существовало одно сугубо внутреннее явление: создание нового человека, освобожденного еврея — воскрешение личности в лоне освобожденной нации [Avi'ad 1962: 30]. Рабби Иосеф Соловейчик утверждал:

> Ныне провидение требует от нас — возможно, впервые за всю историю евреев — посмотреть внешнему миру в лицо с гордостью и отвагой, с кипой на голове и трактатом «Йевамот» в руках — и придать ему святость через завоевание. <...> Куда бы ни ступила наша нога — в лабораторию, деловую контору, в кампус университета или на фабрику — всему должна нами быть придана святость: чтобы входящие туда молодые люди подчиняли все эти места себе и не позволяли светскому поглотить священное [Soloveitchik 2002: 154].

Невозможно создать нового человека, не избавившись от самого состояния галута и не увидев новую реальность. И по сей день национальное возрождение в Эрец-Исраэль трактуется как выздоровление от «болезни галута» [Dushinsky 1982: 152][15]. Действительно, если посмотреть формально, цель состояла в том, чтобы вернуть себе древнее прошлое — те времена, когда народ Израиля жил автономной жизнью на своей земле. При этом мыслители религиозно-сионистского направления прекрасно понимали, что воссоздание нации потребует новых культурных ориентиров; отсюда и речь о необходимости образовательной подготовки, с помощью которой можно сформировать и закрепить этот новый тип человека[16].

---

[15] Яаков Душинский был религиозным сионистом, проповедником, последние годы жизни провел в Южной Африке.

[16] См. [Schwartz 2002b: 140–151].

Бунт против авторитета раввинов

Взяв на себя мессианскую роль, сторонники религиозного сионизма волей-неволей вступили в конфликт с ведущими раввинами. За вычетом нескольких чисто индивидуальных случаев, представляется, что целенаправленно и по собственной воле религиозные сионисты не восставали против авторитета раввинов. Бунт рождался из существовавшей ситуации, в рамках которой большинство ведущих знатоков Торы находилось в оппозиции к движению сионизма и решительно его отвергало. Руководители «Мизрахи» признавали, что хорошо понимают: их усилия по возрождению национального очага приведут к разрыву с религиозными наставниками[17]. Они знали, что сионизм требует деятельности первопроходческой и в своем роде политической, которая существующему миру Торы совершенно чужда: деятельности, для которой традиционные студенты иешивы подходят плохо[18]. В этом заключалось важное проявление революционного духа религиозного сионизма. После массы конфликтов и споров вроде разногласий по поводу избирательного права для женщин, которые возникли к концу 1910-х годов, представители «Мизрахи» как в Палестине, так и в диаспоре постепенно выработали позицию, ограничивающую авторитет раввинов. Вопросы подобного рода, заявляли они, лежат в области культуры, а не религии [Kressel 1969: 174][19]; или, как без экивоков сформулировал один из вождей «Мизрахи»: «В вопросах *иссур ве-хеттер* ("чисто" религиозных вопросах)... мы консультируемся с раввинами, однако в вопросах о том, как устроена жизнь на рынке, они должны идти за ответами к нам»[20]. В качестве примера можно также назвать разногласия по поводу «раздела» (1937): некоторые раввины настаивали на том, что

---

[17] Об этом говорил, например, Меир Бар-Илан (Берлин) на седьмом съезде «Ха-поэль ха-Мизрахи» в Эрец-Исраэль (1935); см. [Avneri 1988: 32].

[18] Давид Цви Кацбург, цит. по: [Zehavi 1966: 336].

[19] См. также главу четвертую.

[20] Маймон о женском избирательном праве. См. [Friedman 1977: 166].

политические вопросы вроде раздела Палестины не являются галахическими[21]. Этот взгляд резко отличается от ныне существующей концепции «Даат Тора» (мнение Торы), которая широко распространена среди ультраортодоксов.

В рамках этого бунта вызов был брошен даже лидерам хасидов: под сомнение был поставлен авторитет *адморим* (духовных вождей хасидов). На территориях, ранее полностью подконтрольных хасидизму, появились религиозные сионисты и выступили с призывом:

> Освободите тех, кто чтит и изучает Тору, из цепей и из-под ярма *адморут*; *адморут* ныне лишился как своего изначального содержания, так и своей изначальной сути, согласно которым, в дерзости своей, наложил запрет на землю Израиля и древнееврейский язык; *адморут* столь далек от мирской жизни, от жизни и чаяний народа, что является лишь инструментом гнева, выкованным горсткой невежественных и безответственных людей[22].

Иуда-Лейб Авида (Злотник) возмущался тем, что «обряд *адморут*» по-прежнему существует в кругах последователей «Мизрахи»; его тревожило, что некоторые

> ...завозят этот обряд и в Эрец-Исраэль <...> безусловно, никто не решится заподозрить этих *адморим* в том, что они бессердечны, жестоки, но мы видим здесь людей, далеких от жизни, которым дела человеческие кажутся чуждыми и странными, которые не ведают о скорбях нашего народа. Настало время объяснить всем *харедим*, что эти люди, при всем их знании Торы и набожности, не могут указывать жизненный путь всему народу, не могут вести его к возрождению[23].

---

[21] Таково было мнение Рубена Маргалиота. См. [Warhaftig 1988: 276]. См. также: [Dotan 1979: 182].
[22] Слова Иегуды Лейба Авиды (Злотника), цит. по: [Rubinstein A. 1981: 158]. Авида был раввином и членом «Мизрахи» в Польше.
[23] Цит. по: [Rubinstein A. 1981: 164].

Даже противники этой точки зрения, считавшие, что можно оставаться приверженцами хасидских лидеров, опираясь при этом в политике на взгляды Нахума Соколова, Хаима Вейцмана и прочих, охотно признавали, что *адморим* в политике ничего не понимают[24].

Многие выдающиеся мыслители из числа религиозных сионистов приложили немало усилий к тому, чтобы завуалировать бунт против авторитета раввинов. С другой стороны, многие лидеры «Мизрахи», особенно разных фракций внутри движения «Тора ва-авода», решительно отвергали авторитет раввинов в целом и отказывались признавать, что раввинам надлежит слепо повиноваться [Admanit 1977: 352][25].

Случались долгие периоды, когда равнодушие к духовному руководству раввинов действительно становилось фактом. Менахем Цви Кадари, глава в 1943–1946 годах венгерской «Бней-Акивы» и последний ректор Университета Бар-Илана, писал о современном ему положении дел: «Никто не думал, что во главе политического движения должны вставать раввины. Нет ничего плохого в том, что кто-то из его участников достиг вершин в изучении Талмуда: он может и дальше занимать руководящие посты. Но привлекать раввинов извне на ключевые роли в движении нецелесообразно» [Kadari 2003: 351]. Многие и правда утратили надежду на то, что Главный раввинат станет предвестником возрождения Синедриона.

Несмотря на столь неоднородные реакции в различных организациях и местах, революционный аспект представляется практическим следствием трех других. В последние годы положение религиозного сионизма в его противостоянии авторитету раввинов ослабло, многие его лидеры подчинились религиозной дисциплине и ратуют за то, чтобы прислушиваться к мнению раввинов. Однако нельзя игнорировать решение Центрального комитета Национальной религиозной партии от

---

[24] Цит. по: [Rubinstein A. 1981: 167]. Цитируются слова Катриэля Фишеля Чурша, члена Совета Верховного раввината.

[25] Адманит был видным идеологом движения «Религиозный кибуц».

1998 года не выходить из состава правительства, после того как правительство постановило претворить в жизнь Меморандум Уай-Ривер, хотя их и призывали к этому некоторые раввины, считавшиеся духовными лидерами партии. Что примечательно, раввины тоже взяли на себя роль политических лидеров. Этот процесс, явившийся результатом взаимодействия самых разных факторов, нуждается в междисциплинарном исследовании.

Заключение

Четыре рассмотренных выше аспекта являются основополагающими характеристиками любой революции. Одно из базовых свойств революционной эпохи — всеобъемлющий характер общественных перемен[26]. Этот элемент, который явственно прослеживается во всех основных революциях как на Востоке, так и на Западе, присутствует и в национальных революционных движениях, таких как сионизм в целом и религиозный сионизм в частности. Даже самые сдержанные формулировки, предложенные основателями религиозного сионизма в начале XX века, содержат в себе бескомпромиссную готовность признать глубокие общественно-религиозные изменения, проистекающие из деятельности сионистов. Как уже отмечалось, стремление к переменам и бунтарство проявлялись в самых разных сферах. Соответственно, в рамках религиозного сионизма, безусловно, сформировалось откровенно революционное сознание — и этот факт вступает в противоречие с исключением данного движения из всех центров власти в Иешуве и в молодом Государстве Израиль. Ситуация изменилась в свете новых обстоятельств, сложившихся после Шестидневной войны[27].

---

[26] См. [Eisenstadt 1978].
[27] См. главу одиннадцатую.

Глава вторая
Рабби Рейнес и создание «Мизрахи»

Вступление рабби Ицхака Яакова Рейнеса и других основателей «Мизрахи» в 1902 году во Всемирную сионистскую организацию (ВСО) стало важным историческим рубежом[1]. Впервые в истории ортодоксальная религиозная фракция получила представительство в светской еврейской политической организации. И если в движении «Хибат Цион» религиозные и светские его участники противостояли друг другу, не принимая при этом той или иной политической идентичности, то религиозные евреи из «Мизрахи» провозгласили себя *политической* организацией *светского* толка. Рейнес понимал, что предпринял новаторский, судьбоносный шаг, последствий которого он не мог предсказать в точности. Тем не менее анализ его политических и идейных начинаний показывает, что действовал он только тогда, когда не было другого выхода, и занимал четкую политическую позицию, только поняв, что иные пути исчерпаны. В иные моменты он, безусловно, пытался оставаться в рамках привычного консервативного подхода, на котором неизменно основывались его решения, но на незнакомую почву не ступал. Судя по всему, революционный дух религиозного сионизма Рейнес принял без всякой охоты, и, если посмотреть в исторической перспективе, главным его достоинством стало то, что он не противился обстоятельствам, превратившим его в революционера.

---

[1] См. [Don-Yehiyah 1983; Bat-Yehuda 1985: 1985; Schweid 1986].

Консервативное руководство

Одним из примеров консерватизма Рейнеса может служить его призыв сохранить выплату *халукки* даже в период его ограниченного участия в деятельности «Хибат Цион». *Халукка* — деньги, предназначенные для поддержки евреев, живущих в Эрец-Исраэль, — стала предметом яростного спора между старым и новым Иешувом. Средства, собранные в рамках халукки и поступавшие в старый Иешув, шли в основном на поддержку изучения Торы. Новый Иешув критически относился не только к частично коррумпированному механизму распределения денег, но и к халукке как явлению. Тем не менее Рейнес, как считается, говорил: «Покушаться на халукку совершенно недопустимо»[2].

Тот же консерватизм проявился и в его колебаниях по поводу создания «Мизрахи». На деле фракция религиозных сионистов возникла исключительно по необходимости. Большинство религиозных евреев было против участия сионистского движения в образовательных и культурных начинаниях, цели которых сионисты формулировали в сугубо светском ключе («культурное» противоречие)[3]. Решение заняться культурно-образовательной деятельностью полностью закрыло бы возможность привлечения к сионистскому движению ультраортодоксальных евреев из Восточной Европы. Те, кто поддерживал культурные начинания сионистского движения, учредили партию, получившую название Демократической фракции, в состав которой вошли Лео Моцкин, Хаим Вейцман, Мартин Бубер и Иосиф Клаузнер[4]. Демократическая фракция шумно и вызывающе вела себя на Пятом сионистском конгрессе (1901); целью создания «Мизрахи» было воспрепятствовать этой тенденции. В столь сложных обстоятельствах Рейнесу необходима была

---

[2] См. [Kaniel 1981].
[3] См. [Almog 1987: ch. 2]; [Bat-Yehuda 1982: 66–86]; [Luz 1988].
[4] См. [Klausner 1960].

внешняя поддержка. Ицхак Ниссенбаум утверждает, что группа политических сионистов обратилась к Рейнесу с просьбой создать фракцию, которая поддерживала бы их взгляды, а именно воздерживалась бы от культурной деятельности и сосредоточилась на политических действиях. Рейнес согласился, поскольку, несмотря на склонность к консерватизму, всегда хотел быть лидером.

Апологетическая теология

Пропагандистскую деятельность Рейнес вел в соответствии со своей природной нерешительностью и консерватизмом. Он написал несколько апологетических трактатов (самый известный из них — «Ор хадаш аль-Цион» («Новые представления о Сионе»)), в которых оправдывал свое решение присоединиться к сионистскому движению и учредить внутри него собственную фракцию. Ультраортодоксы-несионисты в основном сосредоточили свои нападки на религиозных сионистов на двух пунктах:

> *Торопят приход избавления.* Эти нападки были направлены как против сионизма в целом, так и против религиозного сионизма в частности. Вера в Мессию традиционно носит апокалиптический характер, согласно ее догматам избавление примет вид чуда и начнется с божественного решения и в форме божественного вмешательства. Известная талмудическая традиция гласит, что Бог запретил народу Израиля «лезть на стену», то есть торопить наступление конца, вместо того чтобы дожидаться божественного избавления. Из этого вытекало, что сионизм — это кощунство.
>
> *Сотрудничают с отступниками.* Это обвинение было направлено исключительно против религиозных сионистов: невозможно выстроить прочное здание на шатком основании. Высокой цели создания Эрец-Исраэль невозможно достичь через сотрудничество с отступниками, сбросившими ярмо Торы.

Реакцию Рейнеса на первое обвинение — что они торопят приход избавления — можно разделить на объяснительно-апологетическую и теологическую. Апологетический ответ Рейнеса состоит в том, что сионизм никак не связан с избавлением. Цель сионизма проста: спасти евреев от ужасов антисемитизма. Поскольку антисемитизм слеп и лишен логики, единственное решение — отделить евреев от их окружения, то есть от изгнания. Иными словами, сионизм — это поиск «тихой гавани». Что до глубинного теологического ответа, то Рейнес ссылается в нем на божественную имманентность. По его мнению, представление, что Бог направляет исторический процесс издалека, из своего горнего чертога, неполноценно. Бог направляет исторический процесс *изнутри* и сам в нем присутствует[5]. Индивидуальный стиль Рейнеса хорошо ощутим, например, в таком пассаже:

> Природа — единственный внешний получатель божественного света, кошель, где Божественное Провидение спрятано в сложенном виде. <...> Знание того, что божественный свет лежит в кошеле природы, что природа изначально полна духовности и святости, — именно это знание лежит в основе всякой веры и религии, будучи изначально заложенным в смысл и содержание всех доктрин [Reines 1896: 21a–b].

Такой подход, снова и снова звучащий в трудах Рейнеса, сам по себе снимает обвинение в том, что сионизм предполагает действия вопреки божественной воле. Поскольку именно Всевышний, да будь Он благословен, побуждает к подобным действиям, сионизм не является кощунством. Соответственно, Рейнес не ограничивался аргументацией, к которой традиционно прибегали раввины из «Хибат Цион»: земное национальное возрождение они рассматривали как вещь временную, будучи убеждены, что череда естественных действий в итоге приведет

---

[5] См. [Schwartz 2002b: 46–89].

к чудесному апокалиптическому избавлению. Рейнес пошел дальше и отстаивал в своих апологетических трактатах мысль, что естественные действия никак не связаны с чудесным избавлением и даже не являются одним из средств его достижения. Вместо этого он предложил имманентный теологический подход, в рамках которого действия сионистов оказывались оправданы как внутренние священные побуждения.

Что касается второго обвинения, в сотрудничестве с отступниками, то Рейнес разъясняет, что совместная деятельность никак не связана с основополагающими вопросами; речь идет о действиях на одном лишь практическом, а не культурно-духовном уровне. При этом из-за сотрудничества с несоблюдающими евреями у него все же возникли завышенные ожидания. Сразу же после Минской конференции 1902 года Рейнес прояснил, что подлинная цель «Мизрахи» в том, чтобы убедить ультраортодоксальных восточноевропейских евреев массово вступать во ВСО и, говоря его словами, начать захват организации «изнутри». Соответственно, для Рейнеса секуляризация являлась лишь промежуточным этапом, причем не только в теологическом смысле. Ждать, пока весь еврейский народ «вернется в лоно», было недостаточно. Цель создания «Мизрахи» (это акроним от «мизрах рухани» — духовный центр) — превратить ВСО в религиозную институцию, убедив восточноевропейских евреев массово к ней присоединиться.

Уверенность Рейнеса в том, что религиозный сионизм возьмет верх во всех сионистских институциях, была основной причиной того, что он чурался ряда фундаментальных проблем, связанных с присоединением религиозных общин к сионистскому движению. Некоторые раввины заговорили о серьезных потенциальных препонах на этом пути с самого момента основания «Мизрахи»; речь шла о соотношении религиозных и светских евреев в суверенном государстве, однако Рейнес уклонялся от обсуждения этих вопросов. Посмотреть на будущие дилеммы в более широкой перспективе ему мешали как консервативный склад характера, так и собственные убеждения и надежды.

Колебался ли Рейнес?

От человека консервативных взглядов, вступившего в современный мир едва ли не против собственной воли, ждешь колебаний — и весь путь Рейнеса действительно можно описать как путь, исполненный внутренних противоречий. Как уже отмечалось, «Мизрахи» он учредил в большой степени в качестве контрмеры после включения вопросов, относящихся к сфере культуры, в повестку дня ВСО. Как и многие религиозные евреи, он с опаской относился к секуляризации движения сионизма. Однако подобная точка зрения плохо сочетается с его решением попросить Зеева Явица (Явеца) написать манифест, ставший первым программным документом нового движения. Явиц был активистом, настаивавшим на необходимости развития собственной культурно-религиозной деятельности, которая стала бы альтернативой светским культурным программам сионистского движения. В тот момент лидеры «Мизрахи» поддерживали культурную деятельность. Рейнес добавил к манифесту письмо, призывавшее к участию в культурной деятельности, однако после критических отзывов пошел на попятную и призвал сторонников движения ограничиться деятельностью политической. На Минской конференции Рейнес, впрочем, вернулся на исходную позицию и призвал к созданию культурно-религиозного («традиционного») комитета, служившего бы дополнением к светскому («прогрессивному»), в котором, помимо прочих, состояли Хаим-Нахман Бялик и Ахад ха-Ам. Получается, что Рейнес, по большому счету, был заинтересован в том, чтобы сионистское движение сформировало культурную программу, однако, основав «Мизрахи», он как бы поднял знамя оппозиции этой самой программе. В этом, безусловно, просматриваются внутренние противоречия.

Кроме того, Рейнес неоднозначно высказывался по поводу связи между сионизмом и избавлением. В своих апологетических трудах он, как уже было отмечено, заявлял, что это две отдельные сущности. Однако в других работах он утверждал, что сионизм тесным образом связан с избавлением. Получается, что Рейнес видел в национальном возрождении один из шагов к избавлению, будь то коридор или порог на пути к конечной цели.

Не исключено, что эти противоречия просто отражают отличие его осознанного политического мировоззрения от его же глубинных внутренних взглядов. На ту же мысль наводит и подход Рейнеса к политике, прослеживающийся по его письмам и из его отношения к Теодору Герцлю, который, тоже из политических соображений, не высказывался публично об отношении сионистов к культуре. У самого Герцля теплилась надежда, что ультраортодоксы присоединятся к сионистскому движению. Рейнес говорил о необходимости использования эзотерического стиля письма, скрывающего истинные намерения автора, так что расшифровать послания могут лишь члены близкого к нему избранного круга. Рассмотрим отрывок из энциклопедического труда Рейнеса, опубликованного посмертно:

> Чем дальше заходит прогресс человечества, чем более совершенно оно действует, тем более скрытой становится цель и задача этих действий <...> поскольку пока нечто остается мыслью, оно не проявлено и непознаваемо. Что касается речи, некоторые говорят так, что их понимают все, поскольку они не в состоянии скрыть своих намерений, другие же знают, как донести важную мысль в нескольких словах — немногочисленных, но верных. Это есть сокрытие намерения. В тех случаях, когда действия строятся на мысли, человек в состоянии скрыть мысль, которая и есть цель, поскольку, не видя итога и смысла своих действий, он никогда к ним не приступит. Важнейшей составляющей его мысли в самом начале действия является цель, хотя ему и хватает мудрости это скрыть [Reines 1926: 205].

Для Рейнеса эзотерика — синоним мудрости, и это слово он применяет напрямую к мессианской идее в частности и к созданию нового религиозного типажа в целом. Судя по всему, на всю его деятельность наложила сильный отпечаток средневековая эзотерическая философская традиция[6]. Например, Рейнес на-

---

[6] См., напр., [Schwartz 2002a; Halbertal 2007].

верняка был знаком с утверждением, сделанным Маймонидом в предисловии к «Путеводителю растерянных»: последний утверждает, что порой автор вынужден намеренно создавать противоречия, дабы скрыть свою истинную точку зрения, и правильно его намерение поймет лишь один из десяти тысяч читателей. Ранее во введении к «Комментарию к Мишне» Маймонид также охарактеризовал мудреца как человека, который скрывает свои намерения и говорит загадками. Не хуже Рейнес знал и средневековую политическую традицию, в которой часто обсуждалась эзотерическая область религиозного закона, и применял ее к идеям религиозного сионизма. Собственно, только в 1940-е годы Лео Штраус превратит эзотерику в полноправный политический подход, который получит широкое признание, в основном в США. Однако Рейнес, подлинный ученый, говорил о значении этого метода для его собственных замыслов за несколько десятилетий до Штрауса — это видно из приведенного выше отрывка.

С ультраортодоксами Рейнес говорил только об открытом экзотерическом аспекте, а именно о выживании и о своих надеждах на то, чтобы склонить ВСО на свою позицию. Однако тем, кто слушал его проповеди и читал его труды, он обрисовывал облик нового религиозного типажа, «человека, обретшего избавление», активного представителя поколения, которому это избавление уже дано. Таким было его эзотерическое лицо. Да, о поведении Рейнеса действительно можно сказать, что для него характерны вспышки и крутые изменения — об этом в принципе говорит и Эхуд Луз. Однако, судя по всему, именно консерватизм заставлял его скрывать тайные намерения и воздерживаться от вызывающих высказываний. Рейнес, безусловно, был визионером, он постоянно вынашивал масштабные планы и рассчитывал на их осуществление. В то же время он был по сути своей человеком консервативным, его смущали гиперболы, являвшиеся неотъемлемой частью сионистской идеи, такие как создание нового еврея. Он стремился к обновлению, но боялся новаторства. Он хотел быть лидером, но опасался последствий своих действий. Тем не менее Рейнес все-таки основал «Мизрахи» и, соответственно, в начале XX века зажег искру самой важной революции в истории ортодоксального еврейства. Многим другим представителям того же лагеря не хватило мужества решиться на подобный шаг. Например, раввин Авраам Ицхак Кук решил выдвинуть идею создания альтернативной федерации только пятнадцать лет спустя после основания «Мизрахи». Рейнес стал его предшественником. Впрочем, по причине отсутствия личной харизмы, а также из-за склонности к умеренности и апологетическому тону, через много лет после основания религиозного сионизма Рейнес полностью исчез из памяти участников движения. Его заслуги как зачинателя революции были забыты, он оказался в тени более дерзновенных идеологов и философов, равно как и более харизматичных лидеров, притом что их конкретные достижения бледнеют в сравнении с его. Такого обладавшего литературно-историческим чутьем лидера, как Иегуда-Лейб Маймон, огорчала эта историческая несправедливость. Однако коллективная память религиозного сионизма функционирует по собственным законам и порой плохо соотносится с рациональным порядком.

Угандийский проект

Взгляды Рейнеса на религиозный сионизм особенно ярко проявились в связи с Угандийским проектом. Идея создать автономное еврейское поселение в Восточной Африке занимала умы представителей сионистского движения в 1903–1905 годах. Несмотря на колебания, Рейнес относился к этому начинанию с явным одобрением. Большинство представителей «Мизрахи», которая стала крупнейшей фракцией на Шестом сионистском конгрессе, проголосовало за это решение, чем и склонило баланс сил в его пользу. Причины такого решения обсуждались неоднократно, Эхуд Луз цитирует соответствующие доводы, добавляя собственные пояснения [Luz 1988, ch. 10]. Ключевым фактором стали представления о сионистском движении как о пути к спасению и выживанию, а именно на таких мотивациях строилась деятельность «Мизрахи» на заре ее существования. Рейнес с коллегами крайне серьезно относились к открытости и апологетике — то есть к представлению о «тихой гавани». Ниже будет вкратце рассмотрено несколько добавочных причин, которые заставили «Мизрахи» поддержать Угандийский проект; они проливают свет на положение и свойства религиозного сионизма в первые десятилетия его существования.

Важным фактором, повлиявшим на решение «Мизрахи», стали тесные отношения между Рейнесом и Герцлем и огромное восхищение, которое Герцль вызывал у членов «Мизрахи». Притом что это было хорошо известно как тем, кто поддержал Угандийский проект, так и тем, кто высказался против (они обвиняли Рейнеса в слепом следовании за Герцлем), необходимо взглянуть на проблему в более широком смысле. Тесные отношения между лидерами политического сионизма с одной стороны и религиозного — с другой, например между Бен-Гурионом и Маймоном, оставались характерны и для более поздних периодов и никогда не сводились к стремлению религиозных сионистов сотрудничать со светским обществом. Первоначальное их намерение действительно состояло в том, чтобы создать подлинный союз между светскими и религиозными евреями.

Это же намерение оказало влияние и на еще один фактор, связанный с решением «Мизрахи» поддержать Угандийский проект. Религиозные сионисты всей душой уповали на то, что будущее государство искоренит все противоречия внутри еврейского народа. При этом они знали, что переселение в Эрец-Исраэль скорее всего вскроет кардинальные различия между светским и религиозным лагерями, поскольку Земля обетованная — это место, где можно соблюдать все заповеди Торы. Эрец-Исраэль могла расколоть нацию и создать пропасть между ее различными представителями. Отсрочка переселения в Эрец-Исраэль и создание поселения в Восточной Африке не только работали на образ «гавани», свободной от антисемитизма, но и давали удобную возможность потренироваться в достижении национального единства. На этой временной территории религиозные и светские евреи могли бы научиться гармоничному сосуществованию. Дружеские отношения Рейнеса и Герцля можно, соответственно, назвать проявлением надежд и упований, которые были типичны для религиозного сионизма на ранних этапах его существования, когда, как уже отмечалось, его последователи считали, что секуляризм — это явление временное и по сути своей нежизнеспособное. Маймон часто вспоминал Меира Симху из Двинска, автора «Ор самеах», которого обвиняли в симпатиях к «Хибат Цион»: «Сперва *йитгадал* (возвеличится), а в итоге и *йиткадаш* (освятится; речь идет о двух словах, открывающих кадиш)» — он имел в виду, что постепенный процесс предпочтительнее.

По ходу этого диспута был выработан новый тип религиозной аргументации, поскольку сложилась парадоксальная ситуация: светские «русские» сионисты по большей части скорбели по «утрате» Эрец-Исраэль в рамках Угандийского проекта, а религиозные члены «Мизрахи», судя по всему, оставались к этому равнодушны. Высказывалось мнение, что это логично: секуляристы не привязаны к традиционным ценностям, единственным связующим звеном с собственным наследием для них является Эрец-Исраэль. Соответственно, борьба за эту землю остается для них последней связью. Что до религиозных евреев, то они, напротив, совсем не боятся забыть свою землю, поскольку трижды в день молятся о том, чтобы ее увидеть. Та же аргументация впоследствии появится в трудах Моше Авигдора Амиэля, который возражал против сионистского взгляда на Эрец-Исраэль как на альтернативу вере[7]. В религиозном лагере начинали понимать, что светский сионизм не просто ищет «гавань», но пытается создать новую культуру, которая заместит собой традиционное наследие.

Итак, поддержка Угандийского проекта стала одной из причин стремительного снижения представительства «Мизрахи» в ВСО начиная с Седьмого конгресса [Luz 1988: 286]. Другой причиной являлось отсутствие харизматичного лидера. Реакция «Мизрахи» на Угандийский проект стала предвестием будущего характера

---

[7] См. [Schwartz 1997b: 161–164].

партии и ее переменчивого курса. Ядро «Мизрахи» составляла буржуазия, которая тяготела к центру и чуралась воинствующего активизма. Соответственно, в фигуре Рейнеса с самого начала воплотилась позиция «Мизрахи», а в связи со значительным представительством и авторитетом буржуазии «Мизрахи» превратилась в крупную фракцию. Однако публика, как правило, не соглашается подолгу терпеть умеренность и сдержанность и протест свой выражает через голосование. Этот процесс, сопровождавший «Мизрахи» по ходу всего ее существования, в итоге способствовал тому, что к руководству партией пришли оппозиционные группы.

Глава третья
Религиозно-сионистское образование: истоки

Для первого десятилетия деятельности «Мизрахи» можно назвать несколько характерных черт: ожесточенные диспуты по двум основным вопросам (культура и Угандийский проект), изменение статуса с фракции (*сия*) на федерацию (*гистадрут*) и интенсивное продвижение религиозно-сионистской системы образования. На поведение «Мизрахи» в ходе противостояния по вопросам культуры и угандийского кризиса, о которых речь шла в предыдущей главе, все еще оказывала существенное влияние фигура Рейнеса. Однако развитие религиозно-сионистского образования привело к выдвижению новых деятелей и новых харизматичных лидеров.

Первые шаги религиозно-сионистского образования

У истоков религиозно-сионистского образования стоят, по сути, два события, причем оба они свидетельствуют об умеренной открытости в рамках в целом консервативного подхода. Умеренность была основной чертой религиозно-сионистского образования, в котором на протяжении многих лет не прекращались постоянные колебания.

Одним из этих событий стало создание Лидской иешивы, ставшей прототипом нынешних высших учебных заведений — *иешивот*. Рейнес создал иешиву, в которой по преимуществу изучали религиозные предметы, однако он включил в программу и некоторые светские науки (математику, иностранные языки и пр.); сам он описывал этот подход как стремление «предоставить место красе Яфета в шатрах Шема»[1]. В отличие от других иешив (высших учебных заведений), возникших во множестве после создания иешивы в Кфар-Харое, иешива Рейнеса была чужда политике. Известна история, связанная с Рейнесом: в период политических беспорядков 1880-х годов в России еврейские социалисты проводили в полночь в одной из иешив пропагандистское собрание. Внезапно появился Рейнес и открыл дискуссию по поводу идеалов религиозного сионизма, которая затянулась до рассвета: тем самым он помешал использовать иешиву для пропаганды. Кроме того, Рейнес намеренно отделил центр «Мизрахи» в Лиде от иешивы и ее студентов. Из этого видно, что личные качества Рейнеса проявлялись и в его образовательной деятельности. С одной стороны, он содействовал революционному начинанию, разрешив преподавать в иешиве светские предметы — для российских евреев это было существенным достижением. С другой — он оставался консерватором и считал, что студенты иешивы не должны отвлекаться от изучения Торы, а уклонения если и позволительны, то в строго ограниченном объеме; имелось в виду, что светские предметы и идеологическая деятельность должны быть сведены к неизбежному минимуму.

Второе событие было связано с образовательными начинаниями Зеева Явица (Явеца)[2]. Явиц был человеком куда более вспыльчивым и несговорчивым, чем Рейнес, но также придерживался консервативных взглядов. Свою карьеру в Эрец-Исраэль он начал в качестве директора школы в Зихрон Яков, однако уволился оттуда три года спустя, после размолвки с представителями барона Ротшильда. Хотя размолвка была прежде всего связана с вопросами распределения руководящих должностей, был у нее и идейный аспект. Явиц не мог смириться с привитием

---

[1] См. [Salmon 1974: 106–112].
[2] См. [Berlowitz 1981: 165–182; Bar-Lev 1987; Schwartz 2004: 267–269].

студентам французской культуры, и одной из причин его ухода стало то, что девушка, до того направленная во Францию, была по возвращении назначена на мелкую управленческую должность. Впоследствии Явиц стал одним из основателей «Мизрахи» и в первые два года существования организации считался ее идеологом.

Если в случае Рейнеса осмотрительно-консервативный подход был связан со складом его характера и стилем руководства, то консерватизм Явица был идеологическим. Он верил в то, что иудаизм полностью противоположен «иностранной культуре», воплощением которой служит греческая цивилизация. Иудаизм зиждется на мудрости Бога, а греческая культура — на мудрости природы. Греческая культура чувственна, материалистична и детерминистична, еврейская же основана на свободе выбора и поисках нравственного идеала. Соответственно, в Эрец-Исраэль необходимо создать систему образования, которая будет прививать еврейскую культуру, поскольку Тора и еврейские тексты являются самым подходящим ответом на образовательные запросы. Явиц, следовательно, считал, что «Мизрахи» должна заниматься культурной деятельностью и создавать собственную систему образования в своем духе. Как уже было отмечено, его подход постепенно победил, и культурно-образовательная деятельность стала частью программы «Мизрахи».

Избирательная открытость образования

Несмотря на свой консерватизм, Рейнес и Явиц все-таки осуществили революцию в образовании. Даже тот тип идейного консерватизма, которого придерживался Явиц с его подозрительным отношением к другим культурам, впечатлял своей открытостью в сравнении с традиционным иудаизмом. На вопрос, как, по его мнению, «Мизрахи» может создать современное государство, основанное на Торе — притом что Тора по сути отрицает научные теории, например теорию эволюции, — Явиц отвечал:

Можете, мой друг, спать спокойно и вслушиваться в новости о нашем возвращении, не переживая, избави Бог, по поводу того, что мы закроем свои двери ученым из других стран, чье мышление отличается от нашего. Постигать мудрость иностранных ученых — и не только их мудрость, но и историю их глупостей, являющихся для нас сугубо запретными, — едва ли не важнейшая обязанность, предписанная мудрецами ученым на все времена[3].

Явиц опирался на труды средневековых философов (Саадии Гаона, Бахьи ибн Пакуды, Иегуды Халеви, Маймонида, Льва Герсонида и Йосефа Альбо), доказывая, что открытость другим культурам присутствует даже в области верований и мнений. Он указывал, что в трудах Иегуды Халеви и Маймонида присутствует толерантное отношение к представлениям о вечности мира — притом что Церковь во все века преследовала ученых. Однако в его объяснениях прослеживается две характеристики его открытости:

> Она не меняет «внутреннюю» еврейскую культуру, хотя и служит ее нуждам, например в части, связанной с познаниями в области сельскохозяйственных наук, помогающими внедрить соблюдение заповедей применительно к земле. Она влияет прежде всего на естественные науки, в доказательство чего Явиц приводит множество примеров (из области астрономии, медицины и пр.). О культурно-духовном влиянии речь не идет. Тем не менее сама идея учебной программы, включающей в себя чисто светские предметы, свидетельствует о том, что религиозный сионизм встал на радикально-революционный путь[4].

Утверждение Явица, что Тора включает в себя все науки, а ее изучение — ядро любого знания, тогда как все прочее — лишь необходимые для этого инструменты, определило направленность образования, предложенного «Мизрахи». Соответственно,

---

[3] Цит. по: [Maimon 1937: 113].
[4] См. главу первую.

преподаватели — религиозные сионисты конечной целью образования считали испанский «Золотой век», рассматривая философов от Саадии Гаона до Маймонида как интеллектуалов, которые использовали науку для подтверждения мудрости Торы. С их точки зрения, Маймонид не искал культурного синтеза науки и Торы, а утверждал, что все знание и так включено в Тору: «Ищите внимательно — и вы отыщете в ней все». Элиезер Меир Лифшиц, директор Педагогического семинара «Мизрахи» с момента его основания в 1921 году, превратил свой подход в полномасштабное философско-просветительское мировоззрение. Он писал: «Тора есть карта мира, а мир — конкретное воплощение Торы. <...> Любая область науки может стать Торой. Если преподавать все науки в духе божественного знания, с их помощью можно выражать идеи Торы» [Lipschuetz 1957: 122]. Другие видные деятели, участвовавшие в формировании религиозно-сионистского образования, такие как Исаак Рафаэль Эцион (Гольцберг), много лет являвшийся старшим инспектором учебных заведений «Мицрахи» в Эрец-Исраэль, высказывали схожие мнения по поводу науки и светского обучения [Holzberg 1938: 17–19].

Итак, открытость религиозно-сионистского образования была крайне тенденциозной. Для науки и культуры в нем не было отдельного места, они не могли существовать в отрыве от религии. Явиц сформулировал правило на будущее: открытость — фундаментальное свойство образования, но только пока оно не противоречит источникам. Речь идет не об открытости как самоцели, а об избирательной открытости.

Массовое религиозное образование

Еще одним революционным элементом в подходе Явица, сыгравшим в дальнейшем крайне важную роль, стало создание системы массового религиозного образования, которую можно было использовать для всего населения. Явиц настаивал на том, чтобы программа строилась прежде всего вокруг изучения

Библии и избранных мест из Агады, переложенных на понятный широкому читателю иврит. Массовый подход, отразившийся в этой свободной от элитарности программе, противопоставлялся учебным методам, которые использовались в религиозном образовании на раннем этапе. Ашер Гинцбург (Ахад ха-Ам) тут же отметил потенциал распространения и успеха этой образовательной системы и обрушился на нее с идейной критикой.

«История еврейского народа» Явица хорошо подошла для этой программы и как вспомогательный материал для учителей, и, в сокращенной форме, как учебник для учеников. Задача этой работы состояла в том, чтобы создать противовес трудам историков — сторонников Гаскалы, таких как Шимон Дубнов и Генрих Грец. Написание «всеобъемлющих» книг по истории — еще одна важная черта современного национализма, которая играет определяющую роль в вопросе национального объединения. Здесь, впрочем, меня больше интересуют чисто образовательные аспекты этого произведения. Исторический труд Явица в четырнадцати томах подвергся непримиримой критике, исследователи никогда не считали его надежным или авторитетным источником. Явиц, в отличие от других историков, не цитировал новых исторических источников и не ссылался на неопубликованные рукописи. Суть его замысла состояла в просвещении: дать новую трактовку еврейской истории в духе религиозного сионизма [Jawitz 1935][5].

В конце концов, после создания системы религиозно-сионистского образования в 1954 году, посеянные Явицем семена начали давать плоды. Возникло полномасштабное массовое религиозное образование, в задачу которого не входило глубинное изучение Торы и которое сосредотачивалось на понятных простому человеку аспектах, подчеркивавшихся в свое время Явицем. Первых преподавателей из религиозно-сионистской системы образования, по большей части ученых, в итоге заместили другие, лучше подходившие для этой незамысловатой задачи. Соответственно, подход Явица стал отличительной чертой религиозно-сионистского образования.

---

[5] См. [Michael 1993, ch. 10].

Консолидация религиозно-сионистского образования

Рейнес и Явиц заложили концептуальные основы религиозно-сионистского образования, которое, как уже говорилось, начало формироваться в первое десятилетие существования «Мизрахи». Центральной фигурой в этом процессе стал рабби Иегуда-Лейб Маймон (Фишман)[6]. В первые годы Маймон составил план общего характера, предполагавший создание отдельных школ для мальчиков и девочек. Следуя духу Рейнеса и Явица, Маймон подчеркивал, что изучение Талмуда является зерном, а светские предметы — плевелами. В 1907 году Маймон запустил масштабную кампанию по сбору средств на создание религиозно-сионистских учебных заведений. Через год он отправился в Эрец-Исраэль и там решил укрепить хедер (традиционную религиозную школу для мальчиков) «Тахкемони», который в то время уже функционировал в Яффе под руководством доктора Йосефа Зелигера и придерживался духа религиозного сионизма. Маймон взял хедер под финансовую опеку «Мизрахи». Воспоследовала борьба за контроль над этой школой между ультраортодоксальными группами и «Мизрахи», в которой «Мизрахи» в итоге одержала победу; после этого она продолжила поддерживать хедер и направлять туда деньги.

По мере развития религиозно-сионистского образования «Мизрахи» брала под опеку и другие заведения и перестраивала их согласно принципам, сформулированным Рейнесом и Явицем. Одобрение, которое вызывала их деятельность, чувствуется в отзыве рабби Ицхака Ниссенбаума. Ниссенбаум вышел из «Мизрахи» из-за несогласия с позицией по Уганде: одобрение движением Угандийского проекта вызвало у него разочарование, однако он возобновил поддержку «Мизрахи» в ответ на эти шаги в области образования [Nissenbaum 1969: 312].

Примерно через десять лет (1918) в статье «Деятельность "Мизрахи" в Эрец-Исраэль» Маймон сформулировал цели, к которым по-прежнему надлежало стремиться религиозно-

---

[6] См. [Bat-Yehuda 1979; Don-Yehiyah 2001].

сионистскому образованию: введение иврита как языка обучения, особый упор на изучение заповедей, связанных с землей, и наконец, противодействие плану по созданию Еврейского университета в Иерусалиме. Маймон призывал к созданию «академии для изучения Торы и еврейской мудрости, дабы сдерживать влияние иных высших учебных заведений, которые в ближайшее время будут учреждены в Святой земле» [Maimon 1965: 93]. В этих словах отражается жесткое противостояние в Иешуве по поводу использования иврита как языка обучения (1913–1914). Система школ, созданная Немецким еврейским обществом помощи[7], которое планировало открыть в Хайфе Технион, хотела внедрить немецкий в качестве языка обучения: иврит считался неподходящим для научной деятельности. Маймон и многие члены «Мизрахи» решительно требовали признания иврита официальным языком образования — и одержали верх[8].

Кроме того, в своей статье Маймон критиковал ограниченный характер изучения Талмуда. Хотя по ходу борьбы «Мизрахи» за сохранение своей образовательной системы под эгидой светского сионизма критика эта отошла на задний план, она имела самые широкие последствия. План Явица создать систему массового религиозно-сионистского образования, которая не включала бы в себя изучение Талмуда в том виде, в каком это происходило в иешивах, в итоге превратился в чудовище Франкентшейна. Опасения Рейнеса, что это повредит изучению Талмуда, в итоге полностью оправдались; свидетельством тому может служить множество учебных заведений, где упор делался на светские предметы, а изучением Талмуда пренебрегали. С той же проблемой религиозные сионисты сталкивались и впоследствии. В результате нового акцента на интегрированные учебные заведения стало резко не хватать специалистов по Торе. Преподаватели Торы и галахи были выходцами из несионистских ультраортодоксальных общин, а в лоне религиозного сионизма почти

---

[7] На иврите — «Хеврат ха-Эзра шел иехудей Германия».
[8] См. [Katzburg 1981].

не вырастало видных исследователей Торы. Много лет спустя выяснилось, что преподаватели богословских предметов во многих религиозно-сионистских учебных заведениях не придерживаются сионистских взглядов, поскольку найти на эти должности кандидатов из числа последователей религиозного сионизма было почти невозможно. Кроме того, эти преподаватели подталкивали своих учеников к тому, чтобы они продолжали образование в несионистских иешивах: такое положение сохранялось, по сути, до 1980-х годов.

В 1919 году на Лондонской сионистской конференции было принято решение создать два отдельных комитета по вопросам образования: общий и религиозный. Однако в жизнь это постановление так и не претворили, и год спустя было принято новое решение — о создании одного комитета, но при обеспечении некоторой автономии религиозного образования. «Мизрахи» возражала против этого, в результате осложнились отношения между ее членами и образовательным комитетом Сионистской партии. При этом был заложен вектор дальнейшего развития: религиозное образование, а в результате и религиозно-сионистское образование в Израиле стали воспринимать как составную часть общей образовательной системы. Тем самым была заложена основа системы «образовательных траекторий», построенная вокруг групповых и идеологических предпочтений[9].

Раскол «Мизрахи» в Германии

С другой стороны, проблемы, связанные с образованием, стали одним из основных факторов, приведших к расколу «Мизрахи» и в итоге способствовавших усилению «Агудат Исраэль»[10]. После принятия в 1904 году соответствующего решения главное отделение «Мизрахи» было перенесено во Франкфурт-на-Майне, однако центр в Лиде, где по-прежнему жил Рейнес, продолжал

---

[9] См. [Don-Yehiyah 1982: 140–155].
[10] См. [Eloni 1991: 295–313; Fund 1999].

участвовать в руководстве фракцией. Этот шаг стал ответом на враждебные действия российских и польских властей и отчасти отражал пиетет перед еврейско-немецкой культурой. Некоторые еврейско-немецкие члены руководства «Мизрахи» во главе с Якобом Фейхтвангером резко критиковали светское сионистское движение. Через несколько лет после переноса головного отделения во Франкфурт пошли слухи о том, что их группа откололась от «Мизрахи», хотя члены организации это и отрицали.

Главной причиной раскола стало однозначное решение Одиннадцатого сионистского конгресса по вопросу участия в культурной деятельности. Из него стало ясно, что сионизм рассматривает себя как движение культурного возрождения; при этом многие религиозные сионисты отказывались признавать значение светской национальной культуры. Кроме того, одной из причин раскола в 1911 году стало символическое событие, напрямую связанное с образованием: сионисты организовали Бенциону Моссинсону, директору Еврейской гимназии в Яффе и поборнику светского национального образования, лекционное турне по Германии. Еврейская гимназия являлась символом укрепления секуляризма в Эрец-Исраэль в свете действий сионистов. Собственно, то, что «Мизрахи» взяла под свою опеку «Тахкемони», стало своего рода откликом на создание Еврейской гимназии. Моссинсон с презрением отзывался о деятельности «Мизрахи» в Яффе, и успех его лекционного турне в Германии вызвал большой переполох среди религиозных сионистов. Члены «Мизрахи» обвинили сионистов в преднамеренной провокации, тем более что произошло это непосредственно после решения Десятого сионистского конгресса, состоявшегося в том же году, включить культурные начинания в число постоянных задач сионистского движения. В итоге многие члены «Мизрахи» вышли из организации, причем один из них завершил свое выступление так: «В христианских государствах ученикам-евреям разрешено покрывать голову по ходу уроков религии. В Еврейской гимназии учитель этого не допустит. Мы — сионисты, но хотим оставаться евреями».

Те, кто покинул движение, присоединились к Якобу Розенхайму и Исааку Галеви, автору книги «Дорот ха-ришоним», и в 1912 году создали партию «Агудат Исраэль». Для «Мизрахи» их уход стал серьезной потерей, и в результате всемирный центр организации в Германии захирел. С одной стороны, «Мизрахи» проявила мужество и сдержанность перед лицом противостояния со стороны сионистского движения и его все более откровенной секуляризации. С другой — умеренность, которая будет характерна для политики «Мизрахи» на многие годы вперед, толкала ее лидеров на постоянное самокопание. Осмотрительность и консерватизм, явственно проявившиеся в подходе религиозного сионизма к образованию, свидетельствовали, соответственно, о прагматизме «Мизрахи» в целом как в ранние, так и в более поздние годы.

Глава четвертая
Рав Кук: ортодоксально-национальная альтернатива религиозному сионизму

По мере консолидации «Мизрахи» по отношению к ней складывалась сильная оппозиция, участники которой считали, что «Мизрахи» искажает идею религиозного сионизма. Дело дошло до попытки уничтожить «Мизрахи» до основания и создать альтернативную религиозно-сионистскую федерацию, которая поглотила бы это движение. Точку зрения оппозиции отстаивал видный мыслитель, человек энциклопедических познаний и подлинный современный мистик рав Авраам Ицхак ха-коэн Кук[1]. При нем сложился кружок учеников и поклонников, помогавших ему распространять свои идеи и представления[2].

В этой главе речь пойдет о двух на первый взгляд несовместимых тенденциях в отношениях между равом Куком и «Мизрахи»: с одной стороны, идеи его проникли в движение и в итоге рав Кук стал едва ли не его официальным идеологом; с другой стороны, в своей политической деятельности он почти неизменно противостоял курсу «Мизрахи».

---

[1] О раве Куке см., напр., [Raphael I. 1966; Hamiel 1986; Raphael I. 1986; Yaron 1991; Ish-Shalom 1993; Kaplan, Shatz 1995; Rosenak 2006].

[2] См. [Schwartz 2001].

Глава четвертая

Первые шаги

Пробуждение в Европе национального духа оказало глубокое влияние на рава Кука, однако скорее духовного, чем практического толка. Он так и не вступил в ряды сионистов или религиозных сионистов. Примерно за три года до основания «Мизрахи» он писал отцу о том, что намерен создать объединение «соблюдающих сионистов». Не исключено, что основание «Мизрахи» этому воспрепятствовало. В первые годы существования «Мизрахи» рав Кук опубликовал ряд статей, посвященных вопросам национализма (1902–1903)[3]. В этих статьях рассматривались недостижимый идеал и его искажение в реальности — как именно, будет показано ниже.

Рав Кук утверждал, что догматы Торы представляют собой идеальную всеобъемлющую национально-политическую теорию. Говоря коротко, Тора — это «подлинный» национализм. Кроме того, он предлагал широкое толкование заповедей в свете национальных принципов и объяснял, например, существование пищевых запретов «уравновешиванием свойств и темпераментов». Пища влияет на темперамент и духовные свойства человека. Наличие в национальной традиции большого числа подходов к питанию ведет к неравенству, а избыточное разнообразие свойств — путь к ссорам и противостоянию. В то же время строгое соблюдение кашрута, напротив, ведет к миру и гармонии внутри нации. Аналогичным образом, предписание брить бороду приводит к развитию у представителей нации тех же эстетических взглядов. Красота относительна, и с целью утверждения единых эстетических критериев в Торе создан зрительный образ мужчины с бородой. Получается, что Тора воспитывает «национальный дух», а значит, еврейская нация несет в себе мир и любовь. В этих националистических рассуждениях отчетливо прослеживается этнический взгляд на на-

---

[3] Речь идет о статьях: «Призывы и израильская национальность» (Ha-Peles. 1901. № 1); «Советы издалека» (Ha-Peles. 1902. № 2); «Потоки в иссушенных землях» (Ha-Peles. 1903. № 3). Ср. [Goldman 1983; Ben-Artzi 1997].

циональность — в этом смысле рав Кук был приверженцем духа национального пробуждения XIX века.

Одновременно с этим взглядом на Тору как источник идеального национализма рав Кук крайне критично относился к тому, как сионизм применялся на практике: отступники неспособны быть проводниками идеального национализма. Это мнение выражено в его знаменитом высказывании: «Внутренние различия между хранителями Торы и теми, кто отрекся от религии, сильнее тех, что существуют между народом Израиля и другими народами мира» [Kook 1902: 530]. В своих статьях он отказывает светскому национализму в праве на существование и утверждает, что единственный подлинный национализм — это национализм Торы.

Издателем журнала «Ха-пелес», опубликовавшего эти статьи, был Элияху Акива Рабинович из Полтавы. Поначалу он поддерживал сионизм, но в результате противоречий по вопросам культуры стал его жестким оппонентом. Журнал, который начал выходить в конце 1900 года, неоднократно выступал с нападками на сионизм, предрекая его закат и гибель. «Мизрахи» после своего основания стала постоянной мишенью тирад его авторов. Возникновение ежемесячного издания «Ха-Мизрахи» — органа «Мизрахи», редактором которого был Зеев Явиц, — стало в определенном смысле реакцией на «Ха-пелес». Статьи рава Кука с нападками на сионизм и на всевозможные неполные и умеренные разновидности национализма отлично подходили для целей «Ха-пелес». В своих статьях рав Кук критиковал «Мизрахи» за ее приверженность чисто политическому курсу. По его мнению, «Мизрахи» должна была выбрать воинственно-бескомпромиссную линию, занять лидирующие позиции в культурно-образовательном проекте сионистов и приспособить его к духу Торы. Сомнения рава Кука по поводу «Мизрахи» в точности соответствовали политике «Ха-пелес». Неудивительно, что много лет спустя, когда публицистика рава Кука была издана в виде антологии («Маамрей ха-райяах»), его сын рабби Цви Иехуда Кук отказался включить в сборник три статьи, написанные для «Ха-пелес».

Религиозно-сионистская теология

В 1906 году рав Кук выпустил небольшую книгу под названием «Иквей ха-цон» («Следы стада»), где впервые точно, полно и убедительно изложил свое понимание сионистского начинания. В первой статье, «Ха-дор» («Поколение»), он описывает пионеров первой алии как людей смятенных, раздираемых между старым и новым. Он не отказывает им в величии, но подчеркивает, что они никак не связаны с предыдущим поколением, поскольку у них не было подходящих наставников. В этой статье он предлагает определение: «поколение, у которого в потенциале было много, а по сути — ничего», закладывая тем самым основу мессианско-патерналистского подхода, который сложится у него позднее. Он пишет о «поколении, возвещающем приход Мессии» (речь идет о периоде, непосредственно предшествующем избавлению):

> Кнессет Исраэль (община детей Израиля) высвободился из тенет под воздействием воли младшего поколения. Удивительное, нежданное пробуждение разбередило новые силы. Ни в коем случае нельзя сгубить их подавлением, их надлежит прославлять и превозносить, выставлять в дивном восхитительном свете [Kook 1967: 114].

После этого рав Кук призывает к признанию «божественного» устремления, дремлющего в душах молодых людей, которые перебираются в Иешув, бунтуя одновременно против традиций предков. Эта идеалистическая молодежь, которая взыскует справедливости — что видно по ее приверженности идеям социализма, — воплощает в себе «высшие, самые глубинные свойства еврейства» [Kook 1967: 115].

Во второй статье, «Ха-пахад» («Страх»), рав Кук делает еще один концептуальный шаг вперед и рассматривает действия пионеров как часть божественно-мессианского плана. Сам рав Кук и его ученики видят в возвращении пророчества народу Израиля важнейшую составную часть избавления, поэтому они ищут видения, божественные знаки, откровения. В этом вопросе рав Кук придерживался принципа Маймонида, согласно которому пророчества невозможны в ситуации преследования и страха за личную безопасность. Взбунтовавшись и решительно отвергнув отеческие ценности, пионеры отважно избавились от страхов и сомнений и тем самым неосознанно создали предпосылки для явления новых пророчеств. Растущая отвага — несомненный признак грядущего избавления, и именно пионеры прекрасно это понимают.

В статье «Даат Элохим» («Познание Бога») рав Кук прозорливо отмечает, что этим поколением двигали «незрелые» и непродуманные философские представления. По его мнению, подход к божественности возможен либо непосредственный, либо через ее воздействие. Религиозным мыслителям ведомо, что соотнестись с божественным как таковым невозможно, а достойным предметом для изучения являются лишь проявления воли Бога в нашем мире. При этом бунт против религии породил «незрелое» мировоззрение, сторонники которого настойчиво соотносились только с вещью в себе. Поскольку непосредственное познание божества немыслимо, возникла ересь, а также идеалы, осуществимые лишь в материальном мире. Вот как выглядит подлинное объяснение пробуждения национального духа.

В статьях, вошедших в антологию, рав Кук приводит теологические доводы в пользу уникальности еврейского народа и, имплицитным образом, истолковывает современные ему события как доказательства этой уникальности. Итак, сборник его статей является первой емкой формулировкой патерналистско-мессианского подхода, поскольку в нем:

Дано полное и всеобъемлющее описание внутреннего духовного мира секуляриста.
Утверждается, что действия пионеров способствовали осуществлению божественных замыслов.

Впоследствии рав Кук развил эти представления в целом ряде своих трудов.

Глава четвертая

Федерация как альтернатива «Мизрахи»

Рав Кук прибыл в Эрец-Исраэль в 1904 году, стал раввином Яффы и со временем занял видное положение. Он собрал группу учеников и сторонников, после чего предпринял ряд сложных шагов с целью преуспеть в чрезвычайно сложном начинании: обрести признание во всех местных кругах. По причине того, что он поддерживал идею сионизма, в старом Иешуве к нему относились весьма критично. Его вывод, что на основании галахи можно продавать землю неевреям, чтобы они засеивали ее в субботний год (5670 по еврейскому календарю, 1909–1910 по европейскому), вызвал особый гнев. Рав Кук считал, что если земля в субботний год останется невозделанной, это нанесет смертельный удар по Иешуву, боровшемуся тогда за выживание, — и дал разрешение на продажу. Это обеспечило ему поддержку светских сионистов и нового Иешува. Одновременно он, однако, сблизился с ультраортодоксами — в силу то ли убеждений, то ли обстоятельств, — вынеся несколько очень жестких судебных постановлений, отражавших его галахические взгляды[4]; это было явственно сделано в пику «Мизрахи».

Рав Кук старательно выковывал свою политическую идентичность. Он возлагал большие надежды на «Агудат Исраэль», хотя среди членов этой партии было много отколовшихся от «Мизрахи». В 1914 году он даже поехал в Германию для участия в конференции «Агудат Исраэль» — и в итоге застрял в Европе на весь период войны. Только в 1918 году, уже планируя основать собственное движение, рав Кук начал высказывать возражения против антисионистской позиции «Агудат Исраэль», впрочем, и тогда не разорвав с ней отношений полностью. Члены окружения рава Кука также постепенно сближались с «Агудат Исраэль» и даже участвовали в работе ее политических органов; пример тому — Давид Коэн (ха-Назир), который был представителем «Агудат Исраэль» в Израиле.

---

[4] См. [Nehorai 1990; Rosenak 2007].

К концу Первой мировой войны рав Кук пришел к выводу, что пятнадцать лет его деятельности в Эрец-Исраэль и за границей подготовили почву для создания подлинной альтернативы «Мизрахи». Он считал умеренный курс «Мизрахи» совершенно неприемлемым, а декларация Бальфура лишний раз укрепила его уверенность в скором избавлении. Его постоянная долговременная критика «Мизрахи» вылилась в открытый политический конфликт. Федерация, созданная равом Куком, получила название «Дегель Иерушалаим» («Флаг Иерусалима»); цель ее состояла в том, чтобы объединить всех набожных евреев, которые поддерживают идею создания своего государства[5]. Предполагалось, что это движение будет активно участвовать во всех сферах деятельности, которыми до сих пор занималась «Мизрахи»: политика, культура и заселение Эрец-Исраэль. Рав Кук рассчитывал, что, в отличие от «Мизрахи», игравшей скромную и незаметную роль, «Дегель Иерушалаим» развернет борьбу за придание еврейскому национальному движению религиозного характера. Он наверняка знал о том, что «Мизрахи» в это время отчаянно пыталась собрать нужное количество подписей, чтобы поменять свой статус с фракции на федерацию, однако без малейших колебаний создал конкурирующее объединение. Он настойчиво подчеркивал, в пропагандистских целях, что у него нет никакого желания препятствовать движению сионизма, а в особенности «Мизрахи», однако и не скрывал своей надежды, что "Мизрахи" тоже вступит в федерацию» (имелась в виду «Дегель Иерушалаим»). Несмотря на открытые возражения его поклонников из «Мизрахи» — Маймона, Бар-Илана и прочих, — рав Кук не отступал от нового политического курса. К его начинаниям присоединились приближенные ученики — Якоб Мозес Харлап, Давид Коэн, а также его сын Цви Иегуда Кук, и отделения федерации были открыты в ряде стран (Эрец-Исраэль, Швейцария, Англия и др.).

Новое движение быстро захирело и прекратило свое существование. По мнению рава Кука, причиной тому стали особен-

---

[5] См. [Avneri 1989a].

ности его, рава Кука, характера. Хотя он и обладал блистательным политическим чутьем, для того, чтобы встать во главе международного движения, требовалось приложить усилия, которые он не был готов прикладывать, и заплатить духовную цену, которая ему казалась слишком высокой. Успех движения полностью зависел от притягательной и харизматичной личности рава Кука; чтобы достичь необходимых результатов, ему следовало бы остаться в Европе (как минимум в Западной Европе): об этом его неоднократно просили напрямую. Однако сам он стремился в Эрец-Исраэль и не хотел жить за границей. Кроме того, во время пребывания в Лондоне он меньше писал. Его мятежный дух стремился к высотам, а руководство международным движением требовало решения повседневных бытовых задач, лишенных всякого интеллектуального содержания. В итоге движение захирело и умерло своей смертью. При этом рав Кук не оставил политического поприща и в 1920-е годы обратился к новому начинанию — созданию Главного раввината.

Идеолог «помимо воли»

Из приведенных выше рассуждений о политической деятельности рава Кука может сложиться поверхностная картина, а сам он может показаться соглашателем. Не следует, однако, забывать, что рава Кука всю его жизнь подвергали гонениям за его поддержку национальной идеи и за представления о сионизме как о прямом продолжении божественного мессианского плана, то есть как об осмысленной стадии процесса избавления. Мессианские взгляды рава Кука на текущие события коренились в глубокой вере и искренних внутренних убеждениях. Несмотря на свой консерватизм, рав Кук готов был принять потенциальные последствия своих истово мессианских взглядов, такие как необходимость воспитания нового типа знатока Торы, сведущего также и в светских науках[6]. Теология порой диктовала

---

[6] Рав Кук однозначно высказался об этой потребности в [Kook 1967: 129].

практические решения, такие, например, как его поддержка новой программы «Тахкемони», первого учебного заведения, взятого под опеку «Мизрахи», а также его позиция в вопросе разрешения на продажу земли в ходе диспута о субботнем годе (1909–1910).

Тем не менее рав Кук оставался жестким и непреклонным оппонентом «Мизрахи». Его политический замысел состоял в том, чтобы создать иной тип религиозного сионизма, теологически всеобъемлющий, прагматически-воинствующий и ни в чем не отступающий от галахи. Убеждения, сформировавшиеся в эти ранние годы, были сохранены его учениками и сторонниками. Рав Кук ратовал за широкое и глубокое толкование национального возрождения; в итоге это толкование было принято «Мизрахи», а его автор стал неофициальным идеологом организации. В более поздний период получила развитие «пересмотренная» версия описанных исторических событий. Маймон, например, утверждал, что стремление рава Кука создать в первые годы своей деятельности ассоциации «соблюдающих сионистов» стало значимым фактором в основании «Мизрахи». Иными словами, необходимость иметь авторитетного идеолога в итоге затмила конкретные исторические факты.

Хотя рав Кук был непреклонным противником «Мизрахи», он поддерживал религиозный сионизм. Более того, именно в силу поддержки этой идеи он испытывал сомнения по поводу толкования компонента «религиозный» в понятии «религиозный сионизм». Доктрина рава Кука представляла собой иную разновидность религиозного сионизма, который был несовместим с существующим движением, но все равно оставался вариантом развития религиозно-сионистской идеи.

Глава пятая
Создание Главного раввината

События конца 1910-х и начала 1920-х годов преобразили религиозный сионизм. Некоторые из этих событий, помимо своего чисто символического значения, оказались также важны с политической и прагматической точек зрения — например, создание Главного раввината, а также возникновение и упадок движения «Дегель Иерушалаим». Другие события, такие как создание «Ха-поэль ха-Мизрахи», оказались решающими в предопределении характера и будущего «Мизрахи» и даже вызвали изменение ее идеологического курса.

Мировая война: заря новой эпохи?

Первая мировая война кардинальным образом изменила взаимоотношения поборников религиозного сионизма и сионистского движения[1]. Причина самоочевидна: трагические события, принесшие боль и невзгоды каждой общине, способствовали их сближению. На первый план вышла взаимопомощь, а различия на время отошли в тень. В то же время в лагере религиозных сионистов постоянно сетовали на то, что многие лидеры бежали из воюющих стран, отошли от сионистской деятельности и оставили за собой хаос. Кроме того, война создала крайне сложную политическую ситуацию. Евреи присутствова-

---

[1] См., напр., [Rubinstein A. 1981].

ли по обе стороны фронта, как в идеологическом, так и в чисто военном смысле, и в результате возник конфликт интересов. Воюющие стороны зачастую воспринимали евреев, даже подчеркнуто соблюдавших нейтралитет, как врагов. Официально сионистское движение решило не занимать никакой позиции касательно войны, однако положение евреев обсуждалось на всевозможных собраниях религиозных сионистов. Видные лидеры «Мизрахи», в том числе Меир Бар-Илан (Берлин) и Иегуда-Лейб Маймон (Фишман), бежали из Европы в Соединенные Штаты. В начале войны США отдавали предпочтение Германии как противнику России, присоединившейся к Великобритании. Турция при этом присоединилась к Германии, возникли опасения касательно евреев в Эрец-Исраэль, находившейся под турецким правлением. Хотя почти никто из евреев не был готов всей душой поддерживать Россию — страну, где процветала ненависть к ним, — тем не менее почти все боялись победы Германии.

Страшные события войны, известной сегодня как Первая мировая, привели к тому, что у религиозных сионистов возникли мессианские надежды. Использование современных видов вооружения (аэропланов, танков, газа) вызвало апокалиптические предчувствия, нарастанию которых поспособствовала революция в России в конце 1917 года и приход к власти еретиков-коммунистов; свою роль сыграло устойчивое представление, что Мессия будет явлен по ходу мировой войны. Рав Кук написал отдельную статью, в которой утверждал, что после войны «скорый приход Мессии совершенно очевиден» [Kook 1963a: 13][2]. Чем более кровопролитна война, а в особенности «нынешняя мировая война», тем отчетливее ожидания «явленного конца». По мнению рава Кука, годы изгнания оттолкнули евреев от международной политики, пропитанной злом и жестокостью и никак не приспособленной к особым нуждам избранного народа. Война очистит мир и подготовит его к возвращению евреев в политику. Соответственно, с точки зрения рава Кука, война являлась предначертанным катарсическим событием, по ходу

---

[2] Впервые книга была опубликована в 1920 году.

которого народам надлежало пройти через очищение огнем и явить «чистые» грани своих особых национальных характеров. Война, в свою очередь, должна была вывести на передний план уникальность еврейского народа, а точнее, она должна была помочь человечеству осознать его «подлинные» божественные побуждения. Еврейский народ должен был в итоге признать, что «Бог у него внутри» [Kook 1963a: 16]. Первая мировая война полностью соответствовала всеобъемлющему мессианскому толкованию исторических событий, предложенному равом Куком. Война усилила ощущение, что замысловатый курс естественных событий представляет собой претворение в жизнь четкого божественного плана, конечная цель которого — апокалиптическое избавление.

Как известно, итогом войны стало завоевание Британией Эрец-Исраэль, в итоге приведшее к подписанию декларации Бальфура (1917). Ее подписание стало звездным часом религиозного сионизма. Как пишет Менахем Фридман, идеологи религиозных сионистов постоянно вынуждены были оправдываться за то, что они якобы «лезут на стену» [Friedman 1977]. Действительно, стиль и идеология «Мизрахи» во многом определялись подобной оправдательной позицией. А тут — вообразите себе! — страны всего мира провозглашают право народа Израиля на его землю. Движение, подвергавшееся нападкам, — сионизм — получило признание всех наций. Впрочем, время торжества оказалось недолгим, а вслед за тем внутренние и внешние конфликты, никогда не стихавшие в рядах религиозных сионистов, вновь забушевали с прежней силой.

Женское избирательное право и учреждение мировых судов

Вернувшись после Первой мировой войны в Эрец-Исраэль, рав Кук инициировал кампанию по созданию официального раввината[3]. Он вполне справедливо считал себя подходящим

---

[3] См. [Avneri 1989b].

кандидатом для того, чтобы вести раввинов в «новый мир», возникший после войны в Эрец-Исраэль. Раввины и раньше создавали всевозможные объединения, как среди ашкеназов, так и под предводительством хахам-баши: эта должность была официально закреплена в законодательстве Османской империи, и хахам-баши пользовался авторитетом в основном среди сефардов. Раввинат еврейской общины был создан в Иерусалиме в 1918 году, в его состав вошли иерусалимские раввины, и он исполнял функцию апелляционного суда.

Харизма и влияние рава Кука представляли собой скрытую угрозу для «Мизрахи»: там опасались, что он обратится к политике. При этом многие члены «Мизрахи» поддерживали рава Кука, испытывая глубочайшее уважение к его личным качествам и достижениям. Кроме того, рав Кук пользовался большой любовью в светских кругах Иешува — там он завоевал симпатии своей поддержкой «разрешения на продажу» в субботний год (1909–1910), а также обеспечением сионизма теологической легитимностью. Связи со светским Иешувом рав Кук укрепил по ходу знаменитой поездки в галилейские поселения в 1914 году[4]. Он возлагал большие надежды на то, чтобы сблизить пионеров с Иерусалимом через установление с ними прямых контактов. Единственным бастионом сопротивления оставались для него ортодоксы-несионисты, а именно старый Иешув.

И тут раву Куку представилась блестящая возможность: его авторитет среди ультраортодоксов значительно возрос после того, как он выступил решительным противником позиции «Мизрахи» по вопросу женского избирательного права. В Иешуве хотели предоставить женщинам право голоса и право избираться в *асефат нихварим* (законодательное собрание). Многие лидеры «Мизрахи» выбрали тактику невмешательства, объявив, что это не галахический вопрос, а значит, мнение раввинов по этому поводу не имеет значения. Рав Кук не собирался обсуждать, галахический ли это вопрос. С его точки зрения, все было предельно ясно: согласно галахе, «делами, касающимися

---

[4] См. [Eliav 1980a].

всех», могут заниматься только мужчины, поскольку «мужчине заповедано подчинять, но не женщине» (Иевамот 65б) [Kook 1980: 189][5]. Тем не менее рав Кук взял на себя труд добавить к этому рациональное обоснование. Он говорит о двух аспектах:

> *Утилитарный аспект*: британское правительство признало право еврейского народа на его землю по причине святости Писания. Дабы укрепить это признание, необходимо вести себя, как велит Тора, в особенности в том, что касается добродетели и полового воздержания. В противном случае противники признания смогут сказать, что народ Израиля не заслуживает собственной земли, ибо оскверняет святость Библии.
> *Теологический (идеалистический) аспект*: еврейский народ должен создать культуру, которая будет оказывать влияние на нееврейский мир, а не наоборот. Добродетель, у которой в европейской культуре совсем иной статус, является одной из основ культуры еврейской.

«Мизрахи» выдвинула несколько возражений против аргументов рава Кука, помимо осуждения его тактики невмешательства. Некоторые ее члены утверждали, что евреи, страдавшие от гонений и дискриминации на протяжении всех веков изгнания, должны активно выступать за права женщин, которые так долго попирались [Kressel 1969: 174–176][6]. На это рав Кук ответил, что женщины никогда не страдали от дискриминации. К их мнению о текущих событиях прислушивались в прошлом, к ним надлежит прислушиваться и в будущем, но только в пределах дома. Вовне мнение женщины должен транслировать мужчина — ради соблюдения гармонии в семье. Женщин угнетают и в других народах, поскольку презрительное отношение к ним в современном мире толкает их на борьбу за свои права — но все не так в еврейском обществе, где все права женщины соблюдаются, если она блюдет добродетель. «Мизрахи» увидела в ответе рава Кука открытый вызов.

---

[5] См. [Zohar 1996; Boaz 2002].
[6] См. [Schwartz 1999: 325–326]. См. также [Ben-Avram, Near 1995: 183].

Еще в одном вопросе проявилась позиция рава Кука как оппонента «Мизрахи». В конце 1919 года «Мизрахи» выступала против учреждения в Иерусалиме мирового суда, который стал бы символом полного поражения традиционного еврейского закона в новом Иешуве, что нанесло бы тяжелый удар по представлениям о галахическом государстве. Раввины, близкие к «Мизрахи», в том числе Бен-Цион-Мейр-Хай-Узиэль и Моше Хамейри, собрались, чтобы выработать программу ответных действий. Что примечательно, рав Кук собрал нескольких ультраортодоксальных раввинов, и они стали проводить долгие протестные собрания, возражая против устройства судов; в их числе было несколько решительных противников «Мизрахи». Ни той, ни другой организации не удалось добиться отмены решения, однако рав Кук в очередной раз отмежевался от «Мизрахи» и присоединился к раввинам старого Иешува. По его мнению, это способствовало подготовке почвы для осуществления его мечты — назначения его главным раввином ашкеназов в Эрец-Исраэль. В этой должности он получил бы контроль над крупными иешивами, без которых ультраортодоксальному иудаизму было бы не выжить, в том числе «Меа-Шеарим» и «Эц-ха-Хаим». Лидеры «Мизрахи» предпринимали различные попытки оспорить влияние рава Кука и переубедить поддержавшие его организации. Секретарь «Мизрахи» рабби Биньямин (псевдоним Иегошуа Редлера-Фельдмана) даже несколько раз нападал на рава Кука публично, однако это противостояние ничем не закончилось[7]. Рав Кук восстановил и даже укрепил свои позиции лидера и был назначен раввином Иерусалима.

Создание Главного раввината

Среди факторов, приведших к созданию Главного раввината, можно назвать существование множества квазиофициальных раввинистических объединений в Эрец-Исраэль, тяжелое фи-

---

[7] См. [Morgenstern 1973; Katz S., Warhaftig 2002].

нансовое положение многих раввинов и презрительное отношение к должности хахам-баши как представителя немусульманской религии при османском правлении. Оппоненты, в свою очередь, опасались того, что назначенцами на эту должность окажутся марионетки, а не выдающиеся знатоки Писания; оппонентов полностью поддерживали ревнители веры из старого Иешува, активно сопротивлявшиеся этому плану. Новое правительство Эрец-Исраэль создало прекрасную возможность для изменения статус-кво. Рав Кук, однако, остался недоволен значением и централистским устройством создававшегося Главного раввината. Выступая на съезде, посвященном его инаугурации, он заявил, что «возрождение раввината, а именно возвращение раввинату его чести, созвучно обещанию, данному в пророчестве: "И опять буду поставлять тебе судей, как прежде, и советников, как вначале..."» (Ис. 1: 26) [Kook 1980: 52].

Получается, что рав Кук связывал создание раввината с общим своим мессианским толкованием текущих событий. Он довольно прозрачно намекал на возрождение Синедриона — собственно, он предложил, чтобы в Совете раввинов был семьдесят один член, по числу членов Верховного Синедриона. Кроме того, рав Кук предложил создать в рамках Совета раввинов небольшой комитет, который встречался бы раз в три месяца, в составе двадцати трех человек — по числу членов Малого Синедриона. Много лет спустя, когда Маймон вел безнадежную борьбу за учреждение Синедриона после создания Государства Израиль, он писал: «Я уверен, что если бы Рав Кук дожил до того дня, когда перед ним предстало бы обновленное Государство Израиль и его столица Иерусалим, он продолжил бы осуществлять пророчество, возродив Синедрион» [Maimon 1951: 57]. Однако рав Кук оставил надежды возродить Синедрион по причине существования ультраортодоксальной оппозиции, которая, как уже отмечалось, сильно влияла на его решения.

Главный раввинат был образован в 1921 году. Совет раввинов состоял из восьми раввинов и трех «советников» — не раввинов. Совет был учрежден, но, по сути, не функционировал. Рав Кук занимал должность раввина ашкеназов, раввином сефардов был

Яаков Меир. В определенном смысле Главный раввинат представляет собой явление, типичное для современного централизованного государства, где религия подчинена светской власти — именно так это виделось в рамках Британского мандата. Избрание в раввинат рава Кука, в свое время придавшего легитимность религиозно-сионистской идее, наделило религиозный сионизм определенными преимуществами перед ультраортодоксами.

Здесь уместно рассмотреть еще некоторые аспекты создания раввината, которые впоследствии сказались на развитии религиозного сионизма.

Во-первых, религиозный сионизм, как и все сионистское движение в целом, сделал своим девизом объединение. В этом и состоит смысл собирания изгнанников в одну общность, объединение Торы, народа и земли. Во многих статьях религиозно-сионистских мыслителей, где речь шла о насущных проблемах, надежда на объединение подавалась как цель всего движения. При этом основной духовный институт разделил полномочия между главными раввинами ашкеназов и сефардов — и этот раскол сохранялся долгие годы, несмотря на многократные призывы к переменам.

Во-вторых, привлечение юристов, которые не являлись раввинами и по сути представляли собой «светскую» составляющую Совета раввинов, сильно повлияло на отношение религиозного сионизма к зазору между религиозным и светским. Хорошо известно, что раввины не одобряли подобного сотрудничества и даже говорили об этом в открытую на заседаниях специально созданного комитета, во главе которого стоял Норман Бентвич. Хуже известен тот факт, что прежде, чем рав Кук категорически высказался против включения любых светских лиц в состав Совета раввинов, некоторые раввины поддержали это начинание. По их мнению, наличие в Совете светских лиц было способно сблизить стороны и вызвать всеобщую симпатию к новообразованной религиозной институции — на это возлагались большие надежды. Однако рав Кук был готов поступиться частью авторитета Главного раввината ради того, чтобы обеспечить его независимость от любых светских элементов. Он отказался от полноты юрисдикции в вопросах гражданского права, но не смог помешать участию светских представителей в работе Совета раввинов.

В-третьих, необходимо понять, почему от представителей разных общин, живших в стране, поступали требования включить в Совет светских лиц. Эти представители рассчитывали на то, что Главный раввинат подстроится под требования времени, а именно проведет «реформу» галахи в свете новых потребностей Иешува. Именно отсюда исходило требование того, чтобы светские лица в составе Совета раввинов были юристами. По ходу обсуждений в комитете Бентвича представители общин выдвинули прямое требование дать юристам право изменять решения раввинских судов; предсказуемо, рав Кук и раввины ответили решительным отказом. Эти события показывают, как велик зазор между тем, какие ожидания возлагались на главный раввинистический институт, и тем, что он был в состоянии обеспечить на самом деле, а также между ним и консервативной реальностью, мешающей осуществить эти ожидания. Соответственно, Главный раввинат был обречен лавировать между разными точками зрения, не присоединяясь ни к одной из них.

Рав Кук использовал свое положение главного раввина для того, чтобы раздавать должности раввинов своим идеологическим сторонникам. Например, хотя должность раввина города Хайфы официально занимал рабби Барух Маркус, рав Кук поддержал назначение на его место рабби Иегошуа Каниэля — возможно, потому, что Маркус был связан с кругами «Агудат Исраэль». Иногда рав Кук вступал в противостояние с «Мизрахи» и пытался выдвинуть кандидатов из собственного круга в противовес ее кандидатам[8]. Эта традиция сохранилась и после его смерти, когда представители круга рава Кука попытались выбрать рабби Якоба Харлапа на должность главного раввина, потеснив кандидата «Мизрахи» — рабби доктора Ицхака Герцога. На плакате в поддержку рабби Харлапа было написано:

---

[8] См. [Vilian 2003].

«Рабби [Йосеф Хаим] Зоненфельд [лидер ультраортодоксов из старого Иешува] говорил: он боится, что вслед за блаженной памяти равом Куком придет раввин-доктор. Потому и молился за единство в совете». Герцог впоследствии все-таки был избран главным раввином.

Историки сходятся на том, что Главный раввинат с самого начала оказался не слишком успешным начинанием. Если бы не харизматичная фигура рава Кука, он мог бы умереть собственной смертью. В подмандатный период Главный раввинат был маргинализирован и воспринимался как малозначительный орган — его раздирали внутренние и внешние противоречия. По причине своего официального статуса он не мог занимать решительной позиции в вопросах, имевших для Иешува первостепенное значение [Friedman 1972]. Масштабы влияния и деятельности Главного раввината задал рабби Ицхак Герцог, бывший главный раввин Ирландии, а с 1936 года — главный раввин Эрец-Исраэль. Если рав Кук представлял себе Главный раввинат как внешний орган, находящийся в значительной степени в противостоянии институтам Иешува, то рабби Герцог занялся его институционализацией внутри Иешува и добился его легитимации со стороны лидеров. Впоследствии рабби Герцог встал во главе противостояния Главного раввината Белой книге и поддержал, хотя и довольно пассивно, политику «Хаганы» по вопросам «сдержанности» (*хавлага*) и нелегальной иммиграции. Притом что Главный раввинат долгие годы сохранял репутацию пассивного органа, он все же внес свой вклад в единение Иешува в первые годы подмандатного периода, как минимум на символически-репрезентативном уровне.

Глава шестая

«Ха-поэль ха-Мизрахи»: против изгнания и буржуазии

Избирателями «Мизрахи» были по большей части представители среднего класса, что объясняет, почему в первые два десятилетия своего существования ее так привлекал политический сионизм. Ее лидеры не включали создание религиозного рабочего движения в число насущных задач. Равнодушие «Мизрахи» к идеалу *киббуш ха-авода* (захват труда) было не единственной трудностью. Религиозные евреи не стремились жить так, как жили трудящиеся в Эрец-Исраэль, где деятельность пионеров зачастую подразумевала жизнь в коллективе. Такая жизнь, проникнутая социалистическими идеалами, не предполагала устройства кошерных кухонь и соблюдения иных базовых религиозных обрядов, которые позволили бы включить в процесс религиозных евреев. Создание религиозного рабочего движения требовало железной воли и готовности справляться со сложными ситуациями. И все же одна группа трудящихся — религиозных сионистов хотела участвовать в строительстве нового государства; они и создали «Ха-поэль ха-Мизрахи». Это религиозное рабочее движение, возникшее по необходимости, впоследствии усилилось за счет создания широкого и инклюзивного теологического мировоззрения.

Создание «Ха-поэль ха-Мизрахи» в Эрец-Исраэль

Непосредственно после окончания Первой мировой войны сформировалась группа молодых жителей Иерусалима, поставивших перед собой цель принять участие в образовании нового государства. Они создали Федерацию молодежи Эрец-Исраэль при «Мизрахи» («Гистадрут ха-цаир ха-Эрец Исраэли ше-ал-яд ха-Мизрахи»), члены которой отправились на сельскохозяйственные работы в Реховот. Впоследствии название организации поменяли на «Молодежь "Мизрахи"» («Ха-Мизрахи ха-цаир»), и она, в отличие от бунтарской «Ха-поэль ха-Мизрахи» с ее поддержкой социалистических идеалов (об этом речь пойдет ниже), сохранила близость к породившему ее движению. Она в основном занималась вопросами городского строительства (например, районов Иерусалима Санхедрия и Неве-Яаков) и распалась в 1928 году, просуществовав около десяти лет. В отделениях «Мизрахи» по всему миру был кинут клич создать образовательно-практическую инфраструктуру для подготовки религиозных пионеров. К концу войны в Польше начало оформляться движение «Пионер "Мизрахи"» («Ха-халуц ха-Мизрахи»), а активисты вроде Шмуэля Хаима Ландау пытались сформулировать для этого движения широкую организационную платформу.

Еще одним фактором, способствовавшим возникновению движения религиозных рабочих, стало прибытие в Палестину религиозной молодежи в ходе третьей алии: они требовали от «Мизрахи», чтобы та предоставила им возможность стать пионерами. Именно ради создания рабочих мест для этой молодежи «Мизрахи» взялась в 1920 году за строительство дороги между Рош-Пиной и Табхой. Там было задействовано около 120 рабочих, однако их неопытность в совокупности с проблемами адаптации подписала этому начинанию приговор. Работы были перепоручены Гистадруту (Федерации труда), однако к этому моменту успела сложиться институциональная схема организации религиозных рабочих. Учредительное собрание «Ха-поэль ха-Мизрахи» состоялось в Тель-Авиве в 1921 году, а в 1922-м организация поставила задачу распространить свое влияние на всю страну. Члены ее хотели отмежеваться от «Мизрахи» в Эрец-Исраэль и стать международной организацией, входящей в состав всемирной «Мизрахи». Официально движение было основано в 1922 году[1].

Это событие, случившееся в самом начале пути, свидетельствует о том, что в «Ха-поэль ха-Мизрахи» существовали серьезные проблемы с идентичностью. С одной стороны, ее члены ощущали идеологическое сходство с «Мизрахи». Поддержка национально-религиозной идеи создавала очевидную связь между ними и исконным движением религиозных сионистов. С другой стороны, «Ха-поэль ха-Мизрахи» считала, что члены «Мизрахи» равнодушны к идеалам производительного труда или как минимум не прилагают достаточных усилий к их осуществлению. Кроме того, «Ха-поэль ха-Мизрахи» ощущала свое сходство с Гистадрутом. Ее идеологи действительно проводили большую работу в плане отмежевания от социалистических идей международного рабочего движения, таких как солидарность трудящихся и воплощение в жизнь идеалов марксизма. При этом все рабочие, трудившиеся в Эрец-Исраэль, как религиозные, так и нет, сталкивались с одинаковыми трудностями и выполняли одинаково сложные задачи. Другим важным фактором, сближавшим религиозных и нерелигиозных рабочих, была борьба за свои трудовые права. Проблема идентичности постепенно обострялась, поскольку если «Мизрахи» была основана уважаемыми и почитаемыми раввинами, такими как Ицхак Яаков Рейнес и Меир Бар-Илан (Берлин), то члены «Ха-поэль ха-Мизрахи» имели совершенно заурядное происхождение — в основном из семей хасидов. Впоследствии к ним присоединились члены «Бахада» (Брит халуцим датиим — Союз религиозных пионеров), прибывшие в Эрец-Исраэль в начале 1930-х годов. Отсутствие фигур авторитетных раввинов привело к ощущению некоторой

---

[1] О «Ха-поэль ха-Мизрахи» см. [Aminoah 1931b; Hameiri 1944; Fishman 1979; Alfasi 1985; Salmon 2001].

отстраненности, однако при этом привнесло сильнейший дух свежести и новаторства. Через несколько лет после основания организации религиозных рабочих проблемы идентичности в ее рядах привели к взрыву, о чем речь пойдет ниже.

Новое сознание

Члены «Ха-поэль ха-Мизрахи» занимались рутинной повседневной деятельностью. Начали они с создания кошерных столовых и бирж труда для религиозных рабочих. Тогда шла отчаянная борьба за рабочие места. В Тель-Авиве работники, входившие в Гистадрут, препятствовали религиозным рабочим получать места в пекарнях и на стройках, в противостояние даже пришлось вмешаться ВСО. В сложившихся тяжелых условиях религиозные рабочие пытались добиться признания своего права жить собственным трудом. Помимо активной деятельности, члены «Ха-поэль ха-Мизрахи» вырабатывали новый тип сознания, получивший название «Тора ва-авода».

Еще до того, как Ландау предложил термин *ха-меред ха-кадош* («священный бунт»), создатели «Ха-поэль ха-Мизрахи» сформировали у себя бунтарское сознание. На *общем* уровне они бунтовали против психологии изгнания. Они считали, что физический труд способен исцелить от болезни изгнания, поскольку он способствует созданию нового религиозного человека, здорового душой и телом. В противовес «изгнаннической» пассивности, члены «Ха-поэль ха-Мизрахи» ратовали за инициативность, производительный труд и избавление собственными силами. На уровне *движения* они бунтовали против «Мизрахи». Члены «Ха-поэль ха-Мизрахи» считали, что «Мизрахи» проникнута духом изгнанничества. По их мнению, члены «Мизрахи» как в Эрец-Исраэль, так и за ее пределами ограничиваются одним: следят, чтобы «сионизм не предпринимал ничего против религии» [Shragai 1957: 36]. В этом смысле они ничем не отличаются от евреев в изгнании: по сути, они как бы привезли свое изгнание в Эрец-Исраэль.

Альтернативное сознание, которое сложилось у членов «Ха-поэль ха-Мизрахи», вышло на авансцену в двух разных планах:

> В теологическом плане был создан новый подход, исходивший из того, что Бог присутствует в природе и может быть явлен через физический труд.
> В общественном плане было выдвинуто положение, что труд оздоровляет человеческое существование, делая каждого хозяином своей судьбы[2].

К мессианству религиозного сионизма «Ха-поэль ха-Мизрахи» добавила идею личного избавления. Производительный физический труд — необходимая составная часть самореализации и личного спасения. Рассмотрим следующий текст, написанный Шломо Залманом Шрагаем примерно через десять лет после основания «Ха-поэль ха-Мизрахи»:

> Особые достоинства Эрец-Исраэль недоступны ни тем, кто туда не стремится [букв. «кто не способен пройти там и четырех парасангов»], ни тем, кто просто дышит ее воздухом; они доступны лишь ее рабочим и фермерам, благословенным Богом. Вот почему нам дана заповедь: «Когда придете в землю» — и там дух ваш будет явлен через следование Торе и ее заповедям — «и посадите какое-либо плодовое дерево» (Лев. 19: 23) — и это благоносящая заповедь. Вот в чем сила работы на земле в Эрец-Исраэль. Она пробуждает божественное в нас и порождает в нас тягу к духовности, стремление к живому Богу, к осмыслению, постижению, вере.
> Живя и работая на природе, человек начинает сознавать, что «нет места, где нет Его». Он видит, как все сущее славит Бога, слышит песню земли: «Господь премудростью основал землю» (Прит. 3: 19); «Господня земля и что наполняет ее» (Пс. 23: 1). Он повсюду видит руку Бога и Божественное Провидение.
> Труженику его трудовая жизнь не позволяет жить за счет труда других, она не дает ему жить воровством и эксплуа-

---

[2] См. [Fishman 1987].

тацией других; она дает ему возможность вести честную здоровую жизнь за счет созданного его руками. Подобная жизнь — одна из миссий пророков.
Чтобы представители нашего народа это поняли и стали жить трудовой жизнью, им необходимо претерпеть фундаментальные радикальные изменения в душе. Необходимо искоренить тот образ жизни, к которому мы привыкли за две тысячи лет, и привить нам любовь к физическому труду, от которого мы давно отрезаны и отрешены [Shragai 1931: 32–33].

Соответственно, в сознании «Ха-поэль ха-Мизрахи» основообразующий принцип, который подавлялся на протяжении двадцати лет до ее создания, выходит на поверхность: создание нового типа религиозного человека, достигшего избавления и занимающегося трудом в достигшем избавления мире. Мыслители из числа религиозных сионистов фактически утверждали, что в конечном итоге цель национального возрождения состоит в том, чтобы создать новый тип религиозности, однако они боялись декларировать это в открытую, чтобы не попасть под огонь цензуры ультраортодоксов. «Ха-поэль ха-Мизрахи» этого уже не боялась, поскольку вела свою деятельность в сионистском обществе в Эрец-Исраэль, а не в Европе. В первые годы существования «Ха-поэль ха-Мизрахи» на основе ее идеологии была выработана твердая теологическая база: труд позволяет высвободить божественное начало, которое, точно в узилище, томится в душе изгнанника. Возвращение к трудовой жизни до определенной степени является новым явлением живого Бога.

Идея о присутствии Бога в природе и в человеческой душе в большой степени связана с хасидским происхождением основателей «Ха-поэль ха-Мизрахи» — Иешаяху Шапиры[3], Шломо Залмана Шрагая, Иешаяху Берштейна и других. Хотя, как уже было отмечено, те же взгляды высказывались и в трудах Рейнеса — основателя «Мизрахи», представление о производительном

---

[3] См. [Don-Yehiya 1961].

труде как проявлении имманентности божества было привнесено только «Ха-поэль ха-Мизрахи». Многочисленные теологические обоснования, по всей видимости, возникли как реакция на серьезные препятствия, которые ставились на пути движения. При этом нельзя не учитывать искренности намерений лидеров движения. По их мнению, обновление религии должно было включать в себя комплексный теологический подход, сформированный с учетом целей национального возрождения.

В том же ключе следует толковать и еще один аспект, всплывший по ходу идеологических дискуссий в «Ха-поэль ха-Мизрахи». Лидеры и идеологи движения расширили понятие Торы, включив в него самые разные мировоззрения. В Торе содержится все, а значит, «подлинная» социалистическая идея тоже напрямую вытекает из Торы. Они безапелляционно и без всяческих колебаний заявили, что стремятся к установлению в Эрец-Исраэль режима Торы, поскольку в Торе содержатся решения всех проблем и ответы на все социальные, политические и национальные вопросы. Как уже было отмечено, Зеев Явиц усматривал в этом важный образовательный принцип, а члены «Ха-поэль ха-Мизрахи» применяли его во всех областях собственной жизни. Хотя принцип этот вытекает из общего теологического подхода данной организации, за подобным распространением Торы во все сферы жизни, похоже, стоит еще один фактор: опасная близость движения к социалистической идее и потребность чем-то отличаться от него, поскольку рабочее движение в Эрец-Исраэль основывалось на отчетливо социалистических позициях. Иешаяху Бернштейн, например, утверждал, что угнетение рабочего капиталистами — непреложный факт, а следовательно, необходимо поддерживать классовую борьбу [Bernstein 1956: 292–295]. В то же время он заявлял, что «Ха-поэль ха-Мизрахи» не пойдет путем Маркса и Ландауэра, поскольку Тора предписывает постепенную, «позитивную» классовую борьбу, а не яростные смертоубийственные войны. Притом что «Ха-поэль ха-Мизрахи» придерживалась определенных социал-марксистских принципов, особенно начиная с середины 1930-х годов, она отвергала непримиримость и агрессию социалистов. Представление о всеобъемлющей Торе помогало идеологам движения отличать его ценности от ценностей международного революционного социализма.

Эти принципы сформировали уникальное мировоззрение «Ха-поэль ха-Мизрахи» в первые годы ее существования, когда движением по преимуществу руководили выходцы из семей хасидов. В более поздние годы, после приезда в Эрец-Исраэль членов «Бахад», сложился иной подход, который будет рассмотрен ниже[4].

О философии «Ха-поэль ха-Мизрахи»: Шмуэль Хаим Ландау

Шмуэль Хаим Ландау (Шахал) сыграл ключевую роль в основании движения «Тора ва-авода» в Польше, а после иммиграции в Эрец-Исраэль в 1926 году стал самой влиятельной фигурой в «Ха-поэль ха-Мизрахи»[5]. Через несколько месяцев после приезда он написал важную программную статью «Ле-верур шитатену» («Объяснение нашего пути»). Ландау утверждал, что только национальный аспект («дух нации») способен конкретизировать заповеди, касающиеся создания Эрец-Исраэль. В отсутствие национального аспекта религиозный акт заселения земли становится «абстрактно-мистическим». И наоборот: создание государства не получит стабильного национального смысла без Торы. Однако речь здесь идет не о Торе в ограниченном значении, то есть не о наборе заповедей, которых должен придерживаться отдельный человек. Имеется в виду «Тора в общем смысле, как дух народа, источник его культуры, дыхание его жизни, то есть общественно-национальные основы

---

[4] При этом Пинхас Розенблют писал, что багдадские члены «испытывали приверженность рабби Шапире и его идеологии». См. [Raphael Y., Shragai 1977: 335].

[5] См. [Don-Yehiya 1960].

Торы» [Landau 1935: 38]. Получается, что Тора в полном ее идеологическом смысле служит выражением еврейского национализма.

Помимо понятия «Тора», в которое теперь входила и область национального, Ландау расширил и понятие «авода» (труд). Для еврейского народа «авода» — это национальное возрождение. Ценность труда связана с построением обновленной нации на здоровых основаниях. Получается, что непроизводительные занятия и оторванность от земли в период жизни в изгнании уводили прочь от самого определения «Израиля» как «народа». Ландау полностью признавал, что смысл сионистской идеологии («упования на возвращение в Сион») в том, чтобы воссоздать народ [Landau 1935: 42]. Следовательно, ценность труда связана не только с новым общественно-экономическим порядком, но и с формированием еврейской нации как таковой. Соответственно, две составляющие еврейского национализма являются двумя сторонами одной монеты: полное воплощение в жизнь Торы через продуктивное существование, основанное на физическом труде. Ландау расширил понятие «авода» и провозгласил его воплощением догматов религии, а посему этого мыслителя можно с некоторой осторожностью назвать создателем религиозно-сионистского варианта «религии труда» Аарона Давида Гордона[6].

Раскол и объединение

Как уже отмечалось, проблемы с поиском идентичности привели к серьезному внутреннему конфликту в «Ха-поэль ха-Мизрахи», который в 1924 году привел к расколу. Причиной конфликта стала реакция на равнодушное отношение «Мизрахи» к рабочему религиозному движению, с одной стороны, и вопрос о том, до какой степени следует радикализировать классовую борьбу, — с другой. «Левое» крыло «Ха-поэль ха-Мизрахи»

---

[6] См., напр., [Schweid 1970; Shapira A. 1996].

(среди его представителей были Нехемия Аминоах, Иешаяху Бернштейн и Авраам Кастенбойм) решило присоединиться к Гистадруту, тогда как «правое» крыло (Шломо Залман Шрагай, Меир Шимон Гешури, Яаков Сильман) настаивало на создании федерации религиозных рабочих как составной части «Мизрахи», в которую вошли бы «Ха-поэль ха-Мизрахи» и «Ха-Мизрахи ха-цаир».

Разочарование в «Мизрахи» достигло нового пика. Члены «Ха-поэль ха-Мизрахи» обвиняли «Мизрахи» в недостатке веры в понятие «Тора ва-авода» на идейном уровне и в попытках узурпировать контроль над рабочими на уровне практическом. Представители правого крыла сетовали на равнодушие «Мизрахи» к проблемам рабочих и даже публично протестовали против этого, однако надеялись изменить ситуацию изнутри. Представители левого крыла, напротив, потеряли веру в возможность спасения через «Мизрахи». По их мнению, руководителями рабочего движения могли быть только выходцы из рабочих, а никак не политики. Они считали, что борьба за права рабочих оправдывает объединение их усилий, поскольку эксплуатация рабочего класса — удел как светских, так и религиозных работников. Соответственно, всем необходимо вступить в Гистадрут, который был основан в 1919 году, примерно за два года до «Ха-поэль ха-Мизрахи». Представители левого крыла обнародовали свои взгляды в газете «Ха-охела». Представители правого крыла обвинили «левых» в поддержке марксистского подхода к классовой борьбе. В своем органе «Нетива» они писали, что левое крыто пытается превратить рабочих из эксплуатируемых в эксплуататоров, вместо того чтобы освободить их от рабства.

Страсти накалились. Некоторые, например Ландау, пытались достичь примирения соперников, но в результате присоединились к одному из двух лагерей. Однако скоро обе стороны осознали недостатки подобного размежевания. В итоге в 1927 году все же произошло объединение, достигнутое путем компромисса: «Ха-поэль ха-Мизрахи» вернулась в состав «Мизрахи», одновременно войдя в Гистадрут в части трудовых договоров и системы медицинской помощи. Активная деятельность «Ха-поэль ха-Мизрахи», противоположная политической идеологии «Мизрахи», вызывала постоянные трения между рядовыми членами; возникало как скрытое, так и прямое противостояние. В начале 1930-х годов «Ха-поэль ха-Мизрахи» предприняла очередные попытки порвать с «Мизрахи», но успеха не достигла[7]. Несмотря на свою принадлежность к «Мизрахи», движение религиозных рабочих сохраняло собственную организацию и существовало на собственные средства. В 1925 году возникла международная организация поборников «Тора ва-авода» — Международная лига «Молодежи "Мизрахи"», «Ха-поэль ха-Мизрахи» и «Пионеров "Мизрахи"» (Ха-брит ха-оламит шель цеирей ха-Мизрахи, Ха-поэль ха-Мизрахи ве Хе-халуц ха-Мизрахи).

Проблемы с идентичностью внутри «Ха-поэль ха-Мизрахи» отразились в вопросе о взаимоотношениях с Гистадрутом и продолжали занимать членов организации все 1930-е годы — это видно из протоколов различных конференций[8]. В то время в движении насчитывалось три фракции, и идеологические различия между ними были важнее проблем с идентичностью. Фракция «Эль ха-макор», во главе которой стояли Катриэль Фишель Чурш, Рувен Гафни (Вейншенкер) и Элиягу-Моше Гениховский, склонялась вправо, к «Мизрахи». Фракция «Тора ва-авода», которую возглавляли Моше Шапира, Шломо Залман Шрагай и Иешаяху Бернштейн, ратовала за умеренные, компромиссные взгляды. И наконец, фракция «Иецира у-биньян», тяготевшая влево, выступала за выход из состава «Мизрахи». Ее лидерами были Моше Уна, Давид Бет-Арие (Интрилигатор) и другие — впоследствии они образуют фракцию «Ла-мифней», которая окажет сильное влияние на «Ха-поэль ха-Мизрахи» и на будущее Национальной религиозной партии. Именно эта расстановка сил стала предпосылкой для дальнейшего существования партии как объединения различных фракций.

---

[7] См. [Bik 1982]. См. также [Gardi 1973].
[8] См. [Avneri 1988].

Заметным достижением в борьбе за право на работу стало соглашение 1940 года между «Ха-поэль ха-Мизрахи» и Гистадрутом: оно касалось создания бирж труда, которые действовали бы не по партийным критериям. В то же время «Ха-поэль ха-Мизрахи» испробовала в Эрец-Исраэль новую стратегию, а именно попыталась захватить власть в «Мизрахи». В итоге оба движения объединили свои силы (1956) и, до определенной степени, идеология «Ха-поэль ха-Мизрахи» стала в дальнейшем основной для всего движения.

В целом члены «Ха-поэль ха-Мизрахи» воплощают в себе с точки зрения социологии, антропологии и философии интересное явление: речь идет о коллективно-общественной философии с ярко выраженными теологическими чертами. Идеологи движения не были крупными богословами, а дискуссии, которые они вели, никогда не претендовали на «философичность». Тем не менее движению удалось выработать целостное и всеобъемлющее мировоззрение, не менее глубокое, чем системные теологические доктрины. Выходцы из различных хасидских общин подчеркивали глубинный теологически-метафизический аспект — присутствие Бога в природе и ее освобождение через физический труд. Бывшие члены «Бахад» подчеркивали роль Закона в обновлении творения. «Ха-поэль ха-Мизрахи» — свидетельство существования общественной философии в принципе и, следовательно, необходимости выработки междисциплинарных методов для ее изучения.

Значимость движения не определяется его масштабами: в ранние годы в состав «Ха-поэль ха-Мизрахи» входило всего несколько сотен человек. Важность этого движения связана с тем, что его члены сумели четко и однозначно сформулировать принципы религиозного сионизма. «Священный бунт» был направлен не только против пассивности изгнанников (в противоположность производительному физическому труду), но и против подавления упований на рождение еврея нового типа, на борьбу за обретшего избавление верующего человека в обретшем избавление мире. «Ха-поэль ха-Мизрахи» не была повязана раввинистическими принципами, на нее не давил авторитет ультраортодоксов. В отличие от «Совета мудрецов» «Агудат Исраэль», в этой организации был создан новый тип нераввинистического руководства, с упором на индивидуальную инициативу и ответственность. Все это особенно ярко проявилось в движении «Религиозный кибуц» (имеются в виду коллективные поселения, созданные под эгидой религиозного рабочего движения): до самого последнего времени в этих поселениях не назначали раввинов[9]. В этом — ключ к уникальному значению «Хапоэль ха-Мизрахи» в деле прокладывания новых путей для религиозно-сионистской идеи.

---

[9] См. главу восьмую.

Глава седьмая
Критика политики сионистов

До конца Первой мировой войны «Мизрахи» придерживалась линии, выработанной ее основателем рабби Рейнесом, а именно считала себя неотъемлемой частью ВСО и в целом поддерживала политику сионистского руководства. Близкая дружба Рейнеса с Герцлем по-прежнему определяла отношения между «Мизрахи» и сионистским движением, а Зеев Явиц и Иегуда-Лейб Маймон (Фишман), при всей активности их действий, еще не заняли заметных позиций. Религиозный сионизм боролся внутри ВСО за сохранение религиозного характера образования, соблюдение субботы и пр. Однако после Первой мировой «Мизрахи» изменила свой курс, превратившись в независимое политическое движение с активной позицией — к глубокому огорчению лидеров ВСО. Время от времени независимый характер движения проявлялся в громких и скандальных выходах из состава сионистского руководства. Поменялся и состав лидеров «Мизрахи»; в Эрец-Исраэль тон теперь задавали Меир Бар-Илан (Берлин), который перебрался сюда в 1926 году, а до того возглавлял движение в США, а также Маймон и Моше Хамейри (Островский); в Германии во главе организации стоял Элиезер Барт, а в Польше — Йошуа Хешель Фарбштейн и Шмуэль Хаим Ландау.

Критика и колебания

Религиозные сионисты долгие годы были озабочены вопросом соблюдения должного баланса между двумя своими задачами: следует ли сосредоточиться на распространении сионизма среди религиозных несионистов или на распространении религиозных ценностей среди нерелигиозных сионистов? Решение было принято в период Британского мандата: упор нужно сделать на борьбе с секуляризацией и с политической линией, которой придерживалось сионистское движение. «Мизрахи» крайне критично относилась к тому, какую позицию заняло руководство ВСО по ряду вопросов[1]:

> *Область политики.* В отличие от сионистского руководства, «Мизрахи» возражала против британской Белой книги 1922 года, которая серьезно урезала границы «национального очага», отделив Трансиорданию от Эрец-Исраэль. С тех пор «Мизрахи» выступала против политики компромисса, которой придерживался Вейцман, и примерно десять лет спустя ее представители даже вышли в этой связи из состава руководства ВСО. Хотя Трансиордания в итоге была возвращена, критика не умолкала. Два года спустя «Мизрахи» вообще не включили в состав руководства ВСО и она даже скооперировалась с правыми фракциями, покинувшими «Хагана» (1931).
> *Область идеологии.* В 1933 году Всемирный съезд «Мизрахи» в Кракове принял постановление, что основная цель движения — создание в Эрец-Исраэль еврейского *государства*. С этого момента «Мизрахи», к немалой досаде руководства Иешува, выдвигала однозначное и несомненное требование создания еврейского государства.
> *Поселения.* «Мизрахи» оспаривала решения руководства, которое предпочитало кооперативные формы поселений, дискриминируя поселения религиозные. Поселения религиозных сионистов начали создаваться только после долгой борьбы с сионистской бюрократией (Департаментом по делам поселений, сионистским руководством, Еврейским национальным фондом и пр.). Эти организации, со своей стороны, всячески препятствовали созданию религиозно-сионистских поселений. Шмуэль Хаим Ландау, Шломо Залман Шрагай, Моше Шапира и другие лидеры «Ха-поэль ха-Мизрахи» публиковали статьи и пытались заручиться как можно более широкой политической поддержкой

---

[1] См. [Katzburg 1971; Katzburg 1976].

в борьбе за право создавать собственные поселения. Их поддерживали и лидеры «Мизрахи», например Хаим Пик, Герман Штрюк, Бар-Илан, Маймон и рабби Биньямин[2].

Общественно-классовые вопросы. «Мизрахи» считала, что несет ответственность за права религиозных рабочих, и присоединилась к «Ха-поэль ха-Мизрахи» в борьбе за улучшение их участи. Несмотря на упреки религиозного рабочего движения в адрес «Мизрахи» за равнодушие к этой теме, факты свидетельствуют о том, что «Мизрахи» все-таки включилась в борьбу. Разумеется, конфронтация обострялась по мере того, как светское рабочее движение набирало силу.

Область религии. В начале 1930-х годов особенно громко звучала критика по поводу упадка роли религии на общественной арене. И в этом вопросе «Мизрахи» конфликтовала с рабочим движением, представители которого не соблюдали кашрут на общих рабочих кухнях и по субботам обрабатывали земли, принадлежавшие Еврейскому национальному фонду. Особенно неприятным это противостояние выглядело в Хайфе, городе рабочих, где секуляризм явно одерживал верх. Бар-Илан (Берлин), в прошлом глава американской «Мизрахи», прояснил различие между «там» и «тут» в выступлении на собрании сионистского руководства в 1934 году: «В изгнании попрание субботы происходило по нужде, здесь субботу попирают от изобилия». По его мнению, секуляризация еврейского народа, возродившегося в Иешуве, проходит в духе гедонизма. В этой связи «Мизрахи» покинула Восемнадцатый сионистский конгресс, а достичь компромисса удалось только в 1935 году, когда суббота и еврейские праздники были объявлены общенациональными выходными. Это положило начало статус-кво[3].

Некоторые члены «Мизрахи» считали, что столь непримиримая деятельность для движения неприемлема, и отказывались реагировать на изменения в религиозном сионизме. Видные религиозные сионисты, такие как Иешаяху Авиад (Вольфсберг) в Германии и Хамейри в Эрец-Исраэль, сопротивлялись тому,

---

[2] См. об этом в главе восьмой.
[3] См. [Don-Yehiyah 1971; Friedman 1990; Kolatt 1998].

чтобы «Мизрахи» занимала столь активную и жесткую позицию. В 1934 году эти оппоненты создали фракцию «Ха-Мизрахи ха-ватик» («Старая Мизрахи»), призывая вернуться к старому курсу движения, сутью которого было мирное переубеждение при одновременной поддержке поселенчества. Фракция распалась четыре года спустя. «Мизрахи» два года (1933–1935) оставалась в оппозиции. Все эти бурные события стали результатом убеждения, которое на долгие годы останется преобладающим в религиозном сионизме, а именно что нахождение в оппозиции равносильно отказу от деятельности. Маймон и другие выяснили, что удаление от центров деятельности и от принятия решений делает движение более вялым и мешает достижению его целей. Именно в эти годы начало зарождаться будущее сотрудничество с рабочим движением, которому предстояло продолжаться долгие годы.

Меир Бар-Илан и его взгляды

Изменение курса «Мизрахи» отражает в себе, помимо прочего, взгляды и личные качества Меира Бар-Илана, который стоял во главе движения в 1920-е годы[4]. Из его трудов видно, что апологетике, характерной для движения в его ранние годы, был положен конец. Как уже отмечалось, «Мизрахи» попыталась несколько размыть контуры понятия «религиозно-культурное обновление», чтобы привлечь к сионизму ультраортодоксов. Тем не менее в 1922 году Бар-Илан заявил, что «Мизрахи» категорически против любого размежевания между религией и будущим государством. Он отрицал представление, согласно которому религия вынуждена постоянно «торговаться» с современностью (говоря словами социолога Питера Бергера)[5]. Религиозные сионисты ратовали за создание государства, конституция которого основывалась бы на заповедях Торы, причем с полным соблюдением каждой из них. Бар-Илан понимал, что в итоге все

---

[4] О Бар-Илане см. [Arigur 1962].
[5] См. [Berger 1992].

изгнанники соберутся в одном месте и каждая этническая общность привнесет в новую структуру собственные практики. Безусловно, эта ситуация плачевно скажется на перспективе создания галахического государства с единой для всех конституцией, однако Бар-Илан этого не боялся. Он считал, что будущее государство введет единое законодательство, даже если его законы вступят в противоречие с определенными групповыми практиками. Так это произошло, например, в США в годы действия сухого закона, когда в конституцию пришлось вносить «аскетические» изменения. Как известно, социализм тоже стремится к единообразию. Соответственно, менять закон с целью создания однородности возможно и желательно. Строить идеальное галахическое государство следует не методами принуждения, а через убеждение и через сближение с традицией тех, кто пока от нее далек: «Единственный способ объединения всего еврейского народа, всех его сект и партий, под властью одного правительства — это обновление нашей жизни с помощью законов письменной и устной Торы» [Bar-Ilan 1950: 11].

С точки зрения религиозных сионистов, подобный поворот событий означал, что идеи обновления и создания галахического государства больше не будут подавляться. Речь шла не о сущностном изменении мессианской надежды, а, наоборот, о ее явственном проявлении. Однако с точки зрения политического руководства одно изменение все же произошло. По ходу празднования двадцать пятой годовщины «Мизрахи» в 1927 году Бар-Илан отметил, что в повестку дня ВСО теперь включены вопросы религии — он видел в этом колоссальное достижение. Тот факт, что ВСО теперь обязана выделять средства на религиозно-сионистское образование, на раввинат и иные нужды религии, более не обсуждается и стал частью достигнутого консенсуса: «Само принятие религиозного бюджета Сионистским конгрессом и его руководством <...> является однозначно положительным фактом. "Мизрахи" тем самым достигла всех поставленных ею целей» [Bar-Ilan 1950: 28]. Никаких больше разговоров о «культуре», разве что о ее превращении в официальную идеологию! Формулировка задачи сионизма как создания «тихой гавани», убежища от антисемитизма, а также движения по спасению, в стиле Рейнеса и его коллег, полностью свернулась и исчезла. С этого момента религиозный сионизм будет стремиться к достижению своей наивысшей цели: заселение Эрец-Исраэль в соответствии с Торой и использование различных сионистских организаций для достижения этой цели. Безусловное достижение Бар-Илана состоит в следующем: представления о том, что сионистская деятельность не имеет ничего общего с религией и религиозным образованием, ушли в прошлое.

Методы руководства Бар-Илана и его политика заслуживают отдельного анализа. Помимо того что он направил «Мизрахи» на путь активных действий, он также стремился установить сотрудничество с «Агудат Исраэль» и даже встречался с Якобом Розенхаймом перед Второй мировой войной[6]. Однако попытки его были обречены на провал[7].

Оппозиция внутри «Мизрахи»: рабби Моше Авигдор Амиэль

Как уже было отмечено, в начале 1930-х годов «Мизрахи» испытала на себе сильное влияние радикальной секуляризации Иешува в Эрец-Исраэль. Неудивительно, что в этот период возникла тенденция к сближению с «Агудат Исраэль» — эту тенденцию подпитывали жесткая критика светского сионизма в целом и бесхребетной позиции «Мизрахи» в частности. Глашатаем идейных и прагматических возражений стал рабби Моше Авигдор Амиэль, раввин бельгийского Антверпена, впоследствии раввин Тель-Авива. Рабби Амиэль был блистательным и очень красноречивым проповедником, глубоким мыслителем, методологом галахи[8].

---

[6] См. [Penkower 1996].

[7] О деятельности Бар-Илана см. также в главе одиннадцатой.

[8] О рабби Амиэле см. [Tchursh 1945, Don-Yehiyah 1985; Schwartz 1997b, ch. 8; Schwartz 2001: 272–280; Bat-Yehuda 2001]. См. также [Hellinger 2003; Rosenak 2003].

Он утверждал, что светский сионизм — это движение ассимиляции в общенациональном масштабе, уходящее своими корнями в немецкий национализм. Соответственно, в сионизме отсутствует какое бы то ни было уникально еврейское содержание, он попросту подражает нееврейскому национализму. Действительно, с точки зрения Амиэля, сионизм стал первым движением, предпринявшим попытку создать иудаизм в отрыве от Торы — и в этом смысле он даже хуже, чем, например, Реформация.

В 1933 году Амиэль выступил на международном съезде «Мизрахи» в Кракове с речью «Идеологические основы "Мизрахи"», которая впоследствии была опубликована как отдельный трактат. Для начала он указал на историческую ошибку «Мизрахи». Движение сочло для себя возможным принять цели светских сионистов как идеологически, так и прагматически, тем самым возложив на себя обязанность следить, чтобы они осуществлялись в соответствии с требованиями религии. Это, однако, невозможно, поскольку светский сионизм представляет собой радикальную ассимиляционистскую идеологию. Иными словами, светский сионизм и Тора противоречат друг другу. Соответственно, «Мизрахи» должна бороться с секуляризмом, расширяя свои цели по распространению Торы. Амиэль предложил следующую формулировку программы «Мизрахи»:

> «Мизрахи» — федерация, основывающаяся на всей полноте Торы и иудаизма [предыдущая программа гласила: «основывающаяся на Базельской программе»], занимающаяся строительством Эрец-Исраэль внутри нашего национального очага и выступающая за национальное существование еврейского народа и его развитие повсеместно, в духе письменного и устного Закона [Raphael Y., Shragai 1977, 1: 8].

Амиэль утверждал, что «Мизрахи» надлежит перейти от оборонительной стратегии — попыток пресечь публичное нарушение догматов веры — к наступательной, «укреплению иудаизма». Движение должно не только заниматься основанием новых поселений, но также учреждать «центры Торы», то есть создавать иешивы и поддерживать творчество, в том числе и письменное, «во всех связанных с Торой дисциплинах».

В своем труде «Ли-нвохей ха-текуфа» («Для смятенных нашей эпохи») рабби Амиэль системно сформулировал философию иудаизма [Amiel 1943]. Он говорит о теологии и утверждает, что Богу необходимо приписать свойство бесконечности. Время и пространство, кантианские формы восприятия, по сути, являются проявлениями божественной бесконечности. Кант утверждал, что сознание создает предмет из данности. Соответственно, в человеческом сознании безусловно присутствует божественная бесконечность. Амиэль считал, что Бог существует в душе каждого человека; тем самым он способствовал утверждению представлений о божественной имманентности.

Кроме того, Амиэль занимался вопросами еврейской этики. Он провел различие между еврейской этикой и категорическим императивом Канта, который считал ограниченным и утилитарным. Еврейская нравственность — это индивидуальная нравственность, поскольку коллектив создается ради индивидуума, а не наоборот. Эта поправка (*тиккун*) касательно индивидуума является основополагающей для еврейского мировоззрения. Крайне критично Амиэль относился и к социализму, который хотел заместить еврейским альтруизмом. Кроме того, он переосмыслил некоторые внутренние вопросы иудаизма, а закончил резкой критикой светского сионизма. Идеи, высказанные в «Для смятенных нашей эпохи», также раскиданы по всем проповедям Амиэля [Amiel 1926–1928; Amiel 1936].

Несмотря на свою репутацию реакционера, Амиэль парадоксальным образом воплотил в себе свойства культуры религиозного сионизма. Во-первых, его взгляды проистекают из попытки оспорить положения современной философии, особенно взгляды Канта, с которым Амиэль особенно часто вступает в открытую дискуссию. Во-вторых, его интерес к талмудической методологии (в книге «Правила исследований галахи» («*Ха-мидот ле-хекер ха-Халаха*»)) свидетельствует о новаторском и нестандартном отношении к источникам, которое ультраортодоксы сочли бы неприемлемым. И наконец, его попытка придать действиям сионистов духовное измерение указывает на максималистский религиозно-сионистский подход, противоречащий принятой идеологии. Взгляды Амиэля до определенной степени воплощают в себе те изменения, которые произошли в «Мизрахи» в начале 1930-х годов, по ходу ее борьбы за сохранение религии.

Распространение «Мизрахи» по Европе

В то время «Мизрахи» расширяла свое присутствие в Европе — как в численном отношении, так и в смысле влияния. Кроме всего прочего, движение распространялось на новые территории, например в Румынию, где его учредительное собрание прошло в 1922 году[9]. Развитие движения в Европе будет кратко описано ниже[10].

В Великобритании деятельность «Мизрахи» в 1920-е годы оказалась не слишком успешной, несмотря на декларацию Бальфура и мандат[11], однако в 1930-е движение развернулось и расширило свою деятельность. Тем не менее не прекращались регулярные стычки с местным сионистским движением. Успех «Мизрахи» в Чехословакии и в других местах можно оценить по сильному противодействию ей со стороны «Агудат Исраэль»[12].

В Германии «Мизрахи» значительно выросла после Первой мировой войны, с началом волны иммиграции из Польши и Литвы. Немецкие члены «Мизрахи» придерживались воинственной линии Бар-Илана и оказались среди тех, кто в 1931 году вышел из состава сионистского руководства. В этот же период члены «Бахада» («Брит халуцим датиим», основана в 1924 году) начали эмигрировать из Германии в Эрец-Исраэль. Эта группа присоединилась к «Ха-поэль ха-Мизрахи», которая на

---

[9] См. [Levanon 1982, Geller 1998].
[10] См. [Patashnik 1950].
[11] См. [Yerushalmi 1953].
[12] См. [Antman 1977].

тот момент состояла по преимуществу из хасидов — выходцев из Восточной Европы. В теории члены «Бахада» поддерживали идеологию, которая отличалась от имманентной философии — поиска Бога в природе и физическом труде. По их мнению, уникальность человека никак не принижается, если рассматривать его в сравнении с силами природы. Более того, миссия человека состоит в том, чтобы создать в мировом хаосе идеальный порядок, используя для этого божественный закон, то есть галаху. Члены «Бахада» придерживались классической библейской модели: человечество подчиняет себе все сущее при помощи божественных заповедей.

В Голландии набирали силу религиозные молодежные движения — в отличие от других стран, где рост молодежных организаций, как правило, нужно было стимулировать усилиями руководства. Следует упомянуть о конфликте между молодежным движением «Зихрон Яаков» («Память о Яакове», названо в честь Рейнеса) и раввинистическим руководством по причине того, что молодежь использовала в молитвах сефардские огласовки, как это было принято в Эрец-Исраэль. В итоге взгляд религиозных сионистов одержал верх[13].

Особенно активно «Мизрахи» действовала в Польше. Она лавировала между борьбой с хасидскими движениями, решительно отвергавшими сионизм, и чрезвычайно тяжелыми обстоятельствами, в которых оказались тогда польские еврейские общины, с одной стороны, и участием в польской политике в попытке повлиять на действия польского правительства — с другой. Результаты оказались плодотворными: целый ряд периодических изданий (еженедельник «Ха-Мизрахи», а также «Ха-кедем», «Ха-шомер ха-дати» и другие), молодежные движения («Ха-шомер ха-дати» и «Бней-акива»), женская молодежная организация «Берурия», многочисленные образовательно-научные начинания, в том числе создание раввинской семинарии. Идея «Тора ва-авода» прижилась в польском движении, которое возглавлял Шмуэль Хаим Ландау.

---

[13] См. [Michman 1995; Michman 2001].

Рабби Ицхак Ниссенбаум: проповедник и политик

Последним президентом польской «Мизрахи» стал рабби Ицхак Ниссенбаум, человек разносторонний и предприимчивый. Он был одним из проповедников Сиона: странствовал из города в город и проповедовал национальную идею. Он поддержал создание «Мизрахи» и ее деятельность, однако сам вступил в ее ряды только после Первой мировой войны, поскольку считал, что достигнет большего влияния внутри сионистского движения, если не будет ассоциироваться ни с одной из политических фракций. Ниссенбаум был выдающимся проповедником, он высказал много свежих идей. Особенно успешно он раскрывал значение мидрашей для насущных нужд современности. Кроме того, его злободневные статьи можно охарактеризовать как гомилетическое переплетение разных идей[14].

В годы борьбы «Мизрахи» против секуляризации Иешува Ниссенбаум написал статью, в которой проводил различие между поведением в кризисную и мирную эпохи. В этой статье, опубликованной в начале 1933 года, Ниссенбаум сначала говорит о взаимоотношениях евреев с неевреями в годы библейского завоевания Ханаана: Иисусу Навину было приказано истребить семь племен, и войну он вел ожесточенную. Однако в конце войны народ Израиля не стал, вопреки заповеди, никого истреблять, и в Писании говорится, что существовали поселения и анклавы этих семи племен. «Писание, по сути, не порицает и даже восхваляет подобное поведение» [Nissenbaum 1948: 244]. То же различие между периодами борьбы и периодами мира существовало и в эпоху Второго Храма. В мирное время неевреям было дозволено покупать землю в Эрец-Исраэль. Однако после римского завоевания был введен запрет на продажу земли и даже сдачу домов внаем, из страха, что в земле не останется местных жителей.

Период создания национального очага также можно считать кризисным; соответственно, нужно определиться с нуждами

---

[14] О Ниссенбауме см. [Shapira I. 1970; Rubinstein A. 1982; Rubinstein A. 1983].

Иешува. Однако даже во времена Второго Храма, вне зависимости от обстоятельств, раввины настаивали на соблюдении определенных заповедей. Например, они не отменили пожертвований и десятины, хотя и возникали опасения, что евреи покинут страну из-за сложной экономической ситуации. Так оно и теперь: не соблюдать субботу нельзя, невзирая на кризисную ситуацию, требующую, чтобы евреи работали.

Эта программная статья написана в характерном для Ниссенбаума стиле: он сопоставляет между собой разнесенные во времени эпохи и рассматривает далекое прошлое как злободневное событие. Кроме того, статья служит примером его новаторства и интереса к насущному. Он погиб в Варшавском гетто, сохранив пылкую веру в свою мессианскую трактовку событий современности. Ниже будут рассмотрены его примечательные взгляды на раздел Палестины.

Споры вокруг раздела

Важным событием, в ходе которого обнажилась мессианская концепция религиозного сионизма, стали споры вокруг раздела Палестины. После арабского восстания 1936 года была создана Британская королевская комиссия во главе с графом Пилем; она выдвинула предложение по разделу Палестины. Отчет комиссии, опубликованный в 1937 году, содержал следующий план: север страны (Галилея), прибрежная равнина и район города Шарона отводились под еврейские поселения; длинный анклав между Тель-Авивом и Иерусалимом помещался под контроль Британии, а остальная часть страны предназначалась арабам[15].

Большинство религиозных сионистов и раввинов однозначно выступили против раздела. В принятии этого плана они видели открытый официальный отказ от части территории, что с религиозной точки зрения казалось им недопустимым. Бар-Илан, Маймон, Шломо Залман Шрагай, рабби Амиэль (на тот момент

---

[15] См. [Dotan 1979; Galnoor 1995].

главный раввин Тель-Авива), рабби Узиэль (главный раввин сефардов) и другие были против проведения линии, которая отделит настоящее от эсхатологического будущего. Они не считали возможным отделить конкретное возвращение народа на свою землю от всеобщего процесса избавления. В связи с мессианской трактовкой текущих событий временные решения представлялись неприемлемыми. Более того, в принятии такого предложения они видели знак слабости и снижения выдержки: сторонники раздела якобы устали от борьбы и поверили лживым посулам, что создание (усеченного) государства решит все их проблемы. Бар-Илан обвинил Вейцмана и его фракцию в принятии идей «Брит шалом» — ассоциации, созданной, помимо прочих, Артуром Руппином и Мартином Бубером; они заключались в том, что евреи и арабы имеют равные права на Эрец-Исраэль. Маймон впоследствии пересмотрел свою позицию и признался, что если бы он мог предвидеть уничтожение европейского еврейства, то он бы от всей души поддержал идею раздела.

Ученики рава Кука и его идейные единомышленники пользовались в качестве аргументов положениями его доктрины. Согласно раву Куку, Эрец-Исраэль — это укрытие для бурных божественных сил. В рамках его каббалистической трактовки Земля обетованная есть отражение божественных *сефирот* (сфер). Его ученик рабби Якоб Харлап также считал, что комья земли символизируют различные грани божественного (это *кетер* (корона), *хохма* (мудрость), *бина* (понимание), *дин* (правосудие) и пр.). Эрец-Исраэль является при этом независимой сущностью, ее святость уникальна и иррациональна. Не смертным решать судьбу этой божественной сущности, поскольку она независима от человеческой воли. Отказ от части территории, по мнению Харлапа, равнозначен «ереси» и «великому греху».

В интеллектуально-элитарных кругах религиозных сионистов некоторые поддержали политику самоустранения. Пинхас Розенблют, Шрага Кадари и другие придерживались мнения, что раздел — это чисто политический вопрос, не имеющий галахического значения. Соответственно, они осуждали позицию раввинов, обвиняя их в том, что они якобы выносят по данному вопросу галахическое решение. Позицию самоустранения занял и Ниссенбаум. Он писал:

> Я не раз заявлял, что мое «нет» не исходит из моих религиозных представлений. Да, нам запрещено отказываться даже от пяди земли Эрец-Исраэль в границах, указанных в нашей Торе, но кто просит нашего разрешения? Если у нас его попросят, мы дадим отказ. Но нам приходится признать отданную нам часть территории; наверное, мы даже обязаны ее признать — именно в связи с нашими религиозными взглядами [Nissenbaum 1948: 293–294].

Некоторые моменты спора по поводу раздела имеет смысл рассмотреть в более широком идеологическом контексте. Дискуссия обнажила процессы, которые развивались внутри религиозного сионизма на протяжении тридцати лет его официального существования: сдвиг от центризма к правому крылу в вопросах национализма, а также от умеренности к активным действиям. При этом «Мизрахи» не сблизилась полностью с движением ревизионизма, во главе которого стоял Зеев Жаботинский. Несмотря на множество параллелей в их правых взглядах, «Мизрахи» не поддерживала представлений ревизионистов о религии, продиктованных либеральной версией национализма последних. Жаботинский и члены его партии считали религию частным делом — по контрасту с религиозными сионистами. Более того, внутри «Ха-поэль ха-Мизрахи» существовали модные течения уклонявшихся влево; это воспрепятствовало долгосрочному сотрудничеству с ревизионистами, сведя его к единичным контактам. И наконец, в рамках своего исторического и идеологического курса религиозные сионисты неизменно руководствовались принципом единства, согласно которому борьба изнутри предпочтительнее отступления. Именно этот принцип подвиг «Мизрахи» на то, чтобы выдвинуть, пусть и безуспешно, требование о возвращении ревизионистов в состав ВСО[16].

---

[16] См. [Genizi 2003].

Помимо идеологических выводов из реакции религиозных сионистов на предложение о разделе, еще одной важной характеристикой движения стал бунт против власти раввинов, проявившийся в позиции самоустранения. Это свойство со всей очевидностью проявилось в самом факте создания движения, что произошло вопреки мнению ультраортодоксальных раввинов, запретам галахических властей и хасидских ребе. Галахический аспект не был основным в споре о разделе, аргументация носила общерелигиозный характер, а не базировалась на конкретных решениях раввинского суда. В итоге бунт против раввинов не вышел за пределы элитной группы и большинство религиозных сионистов добровольно подчинилось их власти. Этот процесс, зародившийся в момент основания «Мизрахи», не прекратился и по сей день.

В период между двумя войнами религиозный сионизм явственно тяготел к правому крылу. Многие рядовые участники движения не признавали национальных прав арабов на земли Эрец-Исраэль, отрицая их связь с этой территорией. При этом видные лидеры, такие как Бар-Илан и Моше Шапира, пытались заложить основы сосуществования с арабами и отказывались, например, приписывать им коллективную ответственность за конфронтацию. Кроме того, религиозные сионисты не считали арабов, проживавших в Эрец-Исраэль, проблемой, поскольку поддерживали идею Большого Израиля и трактовали текущие события в мессианском ключе[17]. После создания Государства Израиль политической ориентации «Мизрахи» предстояло смягчиться в силу долгосрочного «исторического пакта» с рабочим движением.

---

[17] См. [Elihai 1996].

Глава восьмая
Поселенческая деятельность

Конкретные попытки создания религиозно-сионистских поселений начались сразу после третьей алии (1919–1923), по ходу которой в Эрец-Исраэль прибыли идеалистически настроенные религиозные молодые люди, по преимуществу из хасидских семей: они мечтали жить на земле, обрабатывать ее своим трудом и одновременно вести полномасштабную религиозную жизнь. Они не предвидели проблем, с которыми им придется столкнуться, однако их идейная и политическая настойчивость в итоге привела к созданию своих собственных поселений[1].

Борьба за право на поселение

Как уже было отмечено, поселения религиозных сионистов стали реальностью только после длительной борьбы с сионистской бюрократией, которая непрерывно чинила препятствия их созданию[2].

Борьба эта проходила в несколько этапов[3]. К концу 1921 года руководство «Мизрахи» подписало договор с главой Департамента сельскохозяйственных поселений ВСО, санкционирующий создание поселений религиозных сионистов в Нетаиме, однако в жизнь договор претворен не был из-за проволочек и уклончивого поведения департамента. Примерно год спустя под эгидой

---

[1] См. [Katzburg 1957].
[2] См. [Katz Y. 2005].
[3] См. [Peles 1977; Peles 1993].

«Ха-поэль ха-Мизрахи» было создано несколько сельскохозяйственных организаций, члены которых должны были заселить «земли Сальвенди» под Петах-Тиквой, названные по имени члена «Хибат Цион», купившего их на свои деньги. Отсутствие поддержки со стороны ВСО привело к распаду этих организаций.

В 1925 году руководство «Ха-поэль ха-Мизрахи» направило в Еврейский национальный фонд запрос на выделение земли под поселения. Руководство ВСО и Департамент поселений стали прибегать ко всевозможным уловкам, чтобы это саботировать: пообещали «Ха-поэль ха-Мизрахи» земли, изначально предназначавшиеся для других групп, утверждали, что раскол внутри «Ха-поэль ха-Мизрахи»[4] является препятствием для выделения земель под религиозные поселения, и пр. На Четырнадцатом сионистском конгрессе, состоявшемся в том же году, было вынесено решение в поддержку создания поселений «Ха-поэль ха-Мизрахи», однако в жизнь его так и не претворили.

Многолетние проволочки и колебания привели к взаимному неудовольствию, которое вылилось в открытый конфликт в 1927 году, когда группа членов «Ха-поэль ха-Мизрахи» поселилась на землях Варкани, не поставив в известность официальные органы ВСО. Противостояние оказалось жестким, Еврейский национальный фонд говорил о «насилии» и «анархии», притом что группы светских поселенцев в прошлом уже создавали поселения без получения официальной санкции. Председатель ЕНФ Менахем Усышкин потребовал, чтобы поселенцы освободили землю, и члены «Ха-поэль ха-Мизрахи» утверждали, что в конфликте с властями ощущают себя жертвами «произвола» и «предвзятого отношения». Через три месяца религиозных сионистов вынудили покинуть эти территории, которые ранее были обещаны другим; это привело к росту недовольства в рядах «Ха-поэль ха-Мизрахи».

Даже после того, как правление ЕНФ под руководством Усышкина приняло решение приобрести земли для поселения «Ха-поэль ха-Мизрахи» (1927), председатель израильского правления

---

[4] О расколе см. главу пятую.

ВСО Фредерик Герман Киш наложил вето на это решение, опасаясь, что у ЕНФ не хватит средств его профинансировать. Впервые за всю свою историю «Ха-поэль ха-Мизрахи» обратилась к иностранным организациям за финансовой помощью. Внешнее давление стало одним из факторов, повлекших за собой решение сионистского руководства создать *мошав овдим* в районе Шейх-Абрек. Однако официальные сионистские органы, отвечавшие за поселенческую деятельность, во главе со Шломо Капланским (главой Департамента по делам поселений), по-прежнему препятствовали воплощению этого решения в жизнь и не отступились даже после того, как в конце 1927 года поселение все же было создано. Только после того, как в конце 1928 года в Берлине прошло совещание сионистского руководства, поселение было официально одобрено, а попытки Департамента по делам поселений препятствовать его созданию пресечены. При этом никакого бюджета поселению выделено не было. После того как Шестнадцатый сионистский конгресс (1929) вновь официально одобрил существование поселения, «Ха-поэль ха-Мизрахи» пригрозила Артуру Руппину, тогдашнему главе Департамента по делам поселений, что, если поселение в Шейх-Абреке не будет включено в текущий бюджет, они представят ситуацию на суд общественного мнения. Протесты по всему миру действительно привели к тому, что из бюджета Департамента по делам поселений были выделены средства на оплату труда жителей Шейх-Абрека сроком на один год (1931). Среди этих протестов нужно упомянуть письма, написанные равом Куком и рабби Бен Ционом Меиром хай Узиэлем. Протесты не стихали; в частности, «Ха-поэль ха-Мизрахи» выпустила призыв не делать взносов в «Керен ха-йесод» (Учредительный фонд), а переводить деньги напрямую «Ха-поэль ха-Мизрахи». Наконец, только в 1932 году, правление Еврейского агентства объявило о полном признании поселения в Шейх-Абреке и его прав: оно получило название Сдеа-Яаков — в честь рабби Ицхака Яакова Рейнеса. Только тогда началось строительство постоянных жилых домов и ферм.

После этого религиозно-сионистское поселенческое движение продолжало шаг за шагом неуклонно развиваться. К концу 1930-х годов возникли следующие *мошавим* «Ха-поэль ха-Мизрахи»: Кфар-Хасидим, Кфар-Пинес, Кфар-Авраам, Кфар-Хароэх, Элияшив и Кфар-Явец. В начале 1934 года был образован Сельскохозяйственный центр[5] — отдел внутри правления «Ха-поэль ха-Мизрахи», который занимался делами *мошавим*. В 1940 году была создана в качестве самостоятельного органа Ассоциация *мошавим* и организаций[6].

Религиозные кибуцы

Движение за организацию религиозно-сионистских кибуцев началось в Германии и Польше в 1920-е годы. Группы молодых людей мечтали о появлении системы идеальных кибуцев, в которых они могли бы вести полноценную, идеальную жизнь. Объединив принципы сионизма, социализма и иудаизма, они рассчитывали создать утопическое религиозное общество, земной прообраз «трансцендентного центра», говоря словами Ариэля Фишмана [Fishman 2004: 9–10, 25]. В Германии эти молодые люди находились под влиянием социалистических идей, получивших широкое распространение после Первой мировой войны, а в Польше — под влиянием доктрины «Тора ва-авода» и борьбы «Ха-поэль ха-Мизрахи» за создание поселений.

В немецкой деревне Родгес была создана учебная ферма, а первые организованные группы молодых иммигрантов прибыли в Палестину в 1929 году и обосновались на «землях Сальвенди». Одновременно выходцы из Польши и Галиции, в том числе и из семей хасидов, создали в Реховоте *кевуцат* Шахаль. В 1935 году «Ха-поэль ха-Мизрахи» организовала свою Конфедерацию *кевуцот*[7] — орган управления различными поселениями; три года спустя она была переименована в «Ха-кибуц ха-дати» («Религиозный кибуц»). Первый кибуц, Тират-Цви в до-

---

[5] На иврите — «Ха-мерказ ха-хаклай».
[6] На иврите — «Иггуд ха-Мошавим ве-ха-иргуним».
[7] На иврите — «Хевер ха-кевуцот».

лине Бейт-Шеана (назван по имени рабби Цви-Гирша Калишера, «провозвестника сионизма»), был основан в 1937 году в рамках начинания «хома у-мигдал» («стена и башня»). Члены кибуца отбивали нападения арабов. В 1939 году неподалеку возник кибуц Сде Элияху. В 1941 году выпускники Родгеса создали кибуц Явне; Кфар Эцион был основан в 1943 году, а Масуот Ицхак — в 1945-м[8].

Именно в «Религиозном кибуце» была сформирована политика блоков поселений. Помимо ее стратегических и политических преимуществ, идеологи движения уповали на то, что она внесет вклад в социальное и религиозное сотрудничество как между самими кибуцниками, так и между ними и их светскими соседями. Политика блоков поселений в итоге была санкционирована и *мошавим* «Ха-поэль ха-Мизрахи».

«Религиозный кибуц» ощущал свою близость с социалистическим сионизмом, и в 1930-е годы многие члены этих кибуцев отмечали праздник Первомая. Хотя пути религиозного и светского кибуцного движения постепенно разошлись, взаимное уважение и чувство солидарности сохраняется между ними и по сей день.

Дух первопроходчества и полнота религиозной жизни в кибуцах в итоге привели к трениям между раввинатом и религиозными кибуцниками. Например, движение «Религиозный кибуц» возражало против выдвинутого раввинатом запрета на призыв в армию женщин — и потому, что это ставило под угрозу существование Государства Израиль, и потому, что это противоречило идеалу женского равенства. Интеллектуалы из движения «Религиозный кибуц» пытались сформулировать теоретические основы своих взглядов на галахическую автономию[9]. Эта сторона деятельности «Религиозного кибуца» свидетельствует об умеренности политических взглядов многих его членов.

---

[8] См. [Katz Y. 1999].

[9] См. главу первую. См. также [Frank 1992; Safrai, Sagi 1997].

Идеология «религиозного кибуца»: Моше Уна

Видным идеологом движения «Религиозный кибуц» стал Моше Уна, руководивший фермой в Родгесе, участвовавший в создании кибуца Тират Цви и в результате обосновавшийся в кибуце Сде Элияху. Моше Уна в известном смысле был типичным представителем группы идеологов, возникшей внутри движения; в нее входили Цуриэль Адманит, Элиезер Голдман и Йосеф Ахитув[10]. В 1942 году Уна утверждал, что религиозные кибуцы стали оптимальным воплощением идеологии «Ха-поэль ха-Мизрахи». При организации кибуцев можно было реализовать четыре идеала:

> *Личный* тиккун. В религиозном кибуце созданы оптимальные условия для полномасштабной религиозной жизни; соответственно, каждому дана возможность духовной самореализации.
> *Социалистическая самореализация.* Попытки реализовать социалистический идеал в крупных масштабах потерпели провал, из чего был сделан вывод, что построить социализм можно только в пределах небольшой группы.
> *Национальное первопроходчество.* Сплоченность членов кибуца хорошо подходит для решения сложной задачи — заселения земли Израиля.
> *Создание религиозной общины.* Для религиозной жизни необходимы коллективные образовательные и общественные институции, которые можно создать в рамках структуры кибуца. Что касается Главного раввината, который вынужден постоянно лавировать между противоборствующими сторонами, в рамках религиозного кибуца, члены которого в принципе готовы подчиняться его указаниям, у него появляется возможность этого избежать: «Это единственный способ восстановить былую славу» [Unna 1985: 37][11].

---

[10] См. [Goldman 1996; Ahituv 1995].
[11] См. [Gorni 2001; Hellinger 2008].

Уна подчеркивал, что жизнь в кибуце воплощает в себе гармонию, слияние человека с природой: «Люди — частица мира, а мир — частица людей» [Unna 1985: 259]. В подходе Уны отражена попытка провести различие между социалистической идеологией и идеологией религиозного кибуца. В рамках этого подхода, типичного для социалистически-религиозной философии «Ха-поэль ха-Мизрахи», подчеркивается значимость отдельного человека. Идеал равенства не ослабляет значимость личности: напротив, достичь равенства возможно, только если каждый отдельный человек вложит в это максимум усилий. Кроме того, индивидуальные способности следует учитывать при распределении власти, и Уна решительно заявляет, что критерием для назначения на ответственные должности должны служить не смутные понятия о равенстве, а религиозные стандарты. То же относится и к сфере религии: «Община выполняет свою роль в области религии, обеспечивая каждому человеку необходимые условия. Этим ее роль исчерпывается. Субъектом религиозных ценностей является отдельный человек, его обязанность — наполнить содержанием ту основу, которую обеспечила ему община» [Unna 1985: 95].

Итак, Уна указывал на диалектику группы и отдельного человека в религиозном кибуце: в рамках этой диалектики равенство определяется через отрицание: равенство означает отсутствие эксплуатации и наделение правами по потребностям. Исходя из этого, он был против отрицания права на индивидуальное наследование, и именно такую позицию он занимал в постоянных спорах с «Религиозным кибуцем».

Уже в 1945 году Уна предупреждал об опасностях, которые таит в себе идея первопроходчества. Из этого движения может родиться дух воинственности, молодые люди могут дойти до того, что война будет казаться им «нормальной ситуацией» [Unna 1985: 258][12], тем более что движение первопроходчества в Эрец-Исраэль характеризуется экзистенциальной борьбой с оружием в руках, к которой поселенцев вынуждает жизнь во

---

[12] Ср. [Schwartz 2001: 295–296].

враждебном окружении в местах вроде кибуца Тират Цви. Соответственно, задача учителей состоит в том, чтобы укрощать воинственный дух поселенцев. Взгляды Уны не выходят за рамки умеренно-гуманистической политической линии, которой в будущем будут придерживаться многие представители движения «Религиозный кибуц».

«Бней Акива»

Религиозно-сионистские молодежные движения возникли через несколько лет после основания «Мизрахи». Эти движения, широко распространившиеся как в Восточной, так и в Западной Европе, существовали под разными названиями. Зародившееся в Израиле религиозно-сионистское движение «Бней Акива» сыграло ведущую роль в создании религиозных поселений[13]. Первое его отделение открылось в 1929 году в Иерусалиме, через несколько месяцев еще одно — в Тель-Авиве. Его название, «Сыны Акивы», связано с тем, что рабби Акива был человеком, тяжким трудом зарабатывавшим себе на жизнь (он был пастухом), а потом дорос до видного талмудиста. Лозунг для движения предложил Шломо Залман Шрагай: «Очищай свою жизнь трудом, освящай Торой». Первыми членами правления «Бней Акива» стали ребе Иешаяху Шапира, Пинхас Мельцер и Эрнст Акива Симон. Год спустя было создано общенациональное бюро, в состав которого вошли Нехемия Аминоах, Давид Бет-Арие (Интрилигатор) и другие. Некоторые молодежные организации, входившие в состав «Тора ва-авода», немедленно влились в новое движение и превратились в отделения «Бней Акива».

Это движение столкнулось с рядом проблем. Учебные заведения «Мизрахи» применяли санкции против учащихся, вступавших в его ряды, поскольку оно принимало как юношей, так и девушек. Глава учительской семинарии «Мизрахи» Элиезер Меир Лифшиц с самого начала был противником этого начина-

---

[13] См. [Lev 1959; Bar-Lev, Cohen, Rosner 1987].

ния; он заявлял, что, по его мнению, из-за этого движения в образовании возникнут серьезные проблемы. Иуда Лейб Маймон также высказывался о нем крайне сдержанно. На конференции «Ха-поэль ха-Мизрахи» в ноябре 1930 года было заявлено, что «участники конференции хотят отметить равнодушие, а порой и противодействие учебных заведений "Мизрахи" движению "Бней Акива"». Только примерно через двадцать лет после создания движения преподаватели религиозно-сионистских школ начали с ним сотрудничать. Кроме того, «Бней Акива» стало еще одним источником трений между «Мизрахи» и «Ха-поэль ха-Мизрахи». Образ молодежного движения сильно изменился, когда в 1931 году в его ряды в качестве советника вступил рабби Моше-Цви Нерия (Манекин)[14]. Рабби Нерия стал заниматься в «Бней Акива» религиозно-духовными вопросами (посредством преподавания Торы, личных бесед и т. д.), в результате чего характер движения изменился, перейдя от компромиссной к гордой религиозности. Рабби Нерия стал членом общенационального руководства движения, редактором его журнала «Зераим» («Зерна»), который начал выходить в 1935 году, а также выполнял организационные и административные функции.

Арье Фишман утверждал, что, вопреки опасениям, высказывавшимся членами молодежных первопроходческих движений в Германии и Восточной Европе по поводу ценностей окружавшего их общества, как еврейского, так и нееврейского, основанное в Эрец-Исраэль «Бней Акива» отличалось от них тем, что отождествляло себя со всем обществом [Fishman 2004: 78–79]. Это религиозное движение вобрало в себя революционно-бунтарский дух «Ха-поэль ха-Мизрахи», а борьба за право на поселение стала одним из его основополагающих мифов. Как на его советников, так и на рядовых членов сильно повлияла борьба за право создавать собственные поселения, о которой шла речь выше. Соответственно, первопроходчество рассматривалось как реализация целей движения с самого момента его возникновения.

---

[14] См. [Bar-Eli 2002].

В 1931 году группа участников «Бней Акива» во главе с Иехиэлем Элиашем обосновалась на «землях Сальвенди». Суровые условия закалили молодых поселенцев. Создание кибуца («*хагшама*», или «самореализация») стало основной целью «Бней Акива» — что, собственно, было записано в уставе движения, впервые опубликованном в 1934 году под редакцией Нерии. Первая иешива под эгидой «Бней Акива» была создана в 1940 году в Кфар-Гарое; в ней проводилась подготовка к поселенческой деятельности. Нерия, возглавлявший иешиву с момента ее создания, в первые годы подчеркнуто уклонялся от преподавания светских предметов. Мальчики изучали Талмуд и еврейскую мысль, в том числе труды рава Кука. Модель иешив «Бней Акива», существующая и по сей день, была разработана лишь десять лет спустя[15].

Как уже было отмечено, с 1930-х годов «Бней Акива» видело свою основную цель в организации поселений, причем ведущую роль внутри этого процесса играло создание кибуцев. Первым поселением стал Алумим в Герцлие (1938), впоследствии превратившийся в кибуц Саад в Негеве. Первый общенациональный съезд «Бней Акива» в 1940 году вынес решение, что это движение будет готовить своих членов к поселению в кибуцах. Позднее их стали ориентировать на военную службу в бригаде «Нахаль» (акроним словосочетания «Сражающиеся молодые первопроходцы») в составе Армии обороны Израиля. Новая цель была добавлена к задачам движения только в 1970-е годы: *хесдер-иешива*, то есть сочетание обучения в иешиве со службой в армии. После холокоста «Бней Акива» превратилось в международное религиозно-сионистское движение, под эгидой которого объединилось большинство соответствующих организаций по всему миру.

---

[15] Подробнее об этом см. главу десятую.

Глава девятая
Религиозный сионизм и холокост

Поборники религиозного сионизма, как и представители сионистского движения в целом, отреагировали на холокост двумя путями. С одной стороны, они участвовали в спасении евреев от нацистов и в попытках сопротивления. С другой, — судя по идеологическим заявлениям лидеров этого движения и его мыслителей, евреи, проживавшие в Эрец-Исраэль и в диаспоре, до определенной степени склонны были закрывать глаза на тщательно спланированный геноцид своих собратьев[1]. Большинство идеологов религиозного сионизма продолжало строить свои рассуждения на традиционных теологических посылках, говоря о божественном плане, конечным итогом которого служит заселение Эрец-Исраэль и воплощение в жизнь идеала сионизма. Религиозные сионисты присоединились к общим усилиям, поскольку иного, кроме как сплочение рядов, отклика на холокост быть не могло: их лидеры активно противостояли нацистскому режиму как перед войной, так и по ее ходу; их представители до последнего момента пытались повлиять на ультраортодоксов с целью убедить их поддержать деятельность сионистов, а молодежь участвовала в спасении евреев и в подпольной деятельности. При этом отклик религиозных сионистов на холокост прозвучал и в нескольких совершенно уникальных аспектах; ниже будет предпринята попытка их кратко осветить.

---

[1] См., напр., [Michman 2003: 389–416].

Подполье, помощь, спасение

Религиозный сионизм участвовал в качестве полноправного партнера в развернувшейся в Европе борьбе за выживание и в сопротивлении; его молодежные организации принимали заметное участие в оказании помощи и в операциях по спасению. И в Германии в 1930-е годы, и в оккупированной Европе в 1940-е организации религиозных сионистов играли значимую роль в общественной и культурной жизни еврейских общин, которую пришлось полностью перестроить под давлением нацистской политики[2].

Религиозная молодежь активно участвовала в работе подполья. Всевозможные *хахшарот* (лагеря по подготовке членов молодежных движений к алии) в Нидерландах, Бельгии, Венгрии и других странах стали убежищами для беженцев, которые прибывали из стран, захваченных нацистами. Существование в подполье давалось религиозным сионистам нелегко: им приходилось в своем поведении уподобляться христианам, что, как правило, предполагало отказ от соблюдения религиозных заповедей, в том числе кашрута и субботы. В Польше, где среди религиозных сионистов было много молодежи из хасидских семей, большинство участников движения плохо говорило по-польски и было слабо интегрировано в местную среду. В подобных обстоятельствах ассимиляция для них оказалась почти невозможной — чем, видимо, и объяснялось их слабое участие в деятельности подполья, отличавшее их от светской молодежи. Другой причиной стало то, что сопротивление, как правило, организовывалось по инициативе молодых людей, сконцентрированных во всевозможных *хахшарот*, и строилось по идейно-политическим принципам. Большинство польских религиозных молодых евреев с началом войны вернулось домой, тогда как светская молодежь в Варшаве и других польских городах оставалась в *хахшарот*. Та же ситуация до определенной степени повторилась и в Румынии.

---

[2] См. [Katzburg 1984; Knoller 1993].

Исследователи указывают на преобладание в то время у религиозных сионистов ощущения, что в предпринятых участниками сионистского движения усилиях по спасению евреев много несправедливого. Операции по спасению проводились на средства, которые выделялись через делегацию Еврейского агентства в Стамбуле, — у религиозных сионистов не было там своего голоса, поскольку (так утверждали участники движения) сионисты пресекали все попытки включить в состав агентства представителей «Ха-поэль ха-Мизрахи». Рабби Ицхак Герцог все-таки поехал в Стамбул в феврале 1944 года, но быстро вернулся, объявив усилия по спасению плохо скоординированными и малоэффективными. Распределение средств на спасательные действия свидетельствует о политическом балансе сил в тогдашнем Иешуве: позиция религиозного сионизма была слаба. Для венгерских евреев это означало, что деньги, ассигнованные первопроходческим движениям религиозных сионистов, составили лишь около половины от их относительной доли в еврейском населении; это снижало их шансы на незаконное пересечение границы, на сохранение контактов с оставшимися в осаде и на прочие виды деятельности. Дискриминация проявилась и в том, сколько мест они получили в поезде Рудольфа Кастнера[3].

На оккупированных территориях религиозные сионисты часто жаловались на то, что руководство религиозно-сионистских организаций их игнорирует: им даже не трудились писать, чтобы сообщать о последних событиях. Схожие обвинения звучали и в Иешуве. В 1943 году контакты стали опасны и даже невозможны — евреи боялись получать письма, содержавшие критику немцев и их марионеточных режимов.

Некоторых успехов религиозные сионисты добились в организации алии; они поддерживали деятельность международной федерации «Тора ва-авода»[4]. Эта организация, в основе которой лежали национальные федерации «Тора ва-авода» («Ха-поэль ха-Мизрахи», «Бней Акива» и другие), следила за тем, чтобы ее

---

[3] См. [Blank, Genizi 1993; Blank 1993; Kadari 1995].

[4] См. [Eshkoli-Wagman 1997a].

членов включали в ограниченную на тот момент алию из Румынии, Венгрии и Литвы. Во главе этой политической и практической деятельности стояли доктор Зерах Вархафтиг, Моше Кроне и другие[5]. Вархафтиг сумел спасти тысячи беженцев посредством выдачи им виз через иностранные консульства, аккредитованные в оккупированных странах. С его помощью евреи — среди них было много учащихся иешив — бежали через Литву и Россию в Японию. Члены «Тора ва-авода» использовали этот маршрут, которым, по большому счету, пользовались только религиозные сионисты: светские сионистские организации неоднократно высказывали сомнения по поводу его пригодности.

Следует отметить еще одну программу спасения, вызвавшую серьезное противостояние, на одной стороне которого находились религиозный сионизм и сионистское движение в целом, а на другой — «Агудат Исраэль». В конце 1942 года в Тегеран прибыла группа детей-сирот; дети высказывали возражения против сугубо светской программы обучения, которую им навязали представители Еврейского агентства. Эта история вызвала настоящую бурю в еврейском мире, и руководство Еврейского агентства создало комиссию по расследованию, которая склонялась к тому, чтобы поддержать версию религиозных сионистов, согласно которой имело место антирелигиозное принуждение. Последовали многочисленные разбирательства, в одном из них приняли участие члены «Мизрахи» во главе с Иегудой-Лейбом Маймоном, с одной стороны, и главный раввин Герцог, который, по их мнению, склонен был поддерживать «Агудат Исраэль», — с другой. Религиозные сионисты в очередной раз вынуждены были согласиться на компромиссное решение, которое сформулировал Моше Шапира: в его рамках детей младшего возраста отправили в семьи, а тем, кому было больше четырнадцати, предоставили выбор; это отражало тот факт, что религиозный сионизм имел определенные обязательства как перед религией, так и перед сионизмом[6].

---

[5] См. [Zuroff 1984].
[6] См. [Don-Yehiyah 1998b].

Религиозный сионизм в Иешуве

До самого конца 1942 года, когда правительство Иешува официально опубликовало информацию о совершающемся истреблении евреев, жители Эрец-Исраэль не знали о том, что творят с их соплеменниками в Европе, а точнее — не имели возможности осознать смысл происходившего, несмотря на то что о систематических убийствах в международной прессе писали с самого начала того года. Жители Иешува, как правило, видели в этих событиях лишь типичные примеры антисемитских действий, имевших место и по ходу предыдущих войн[7]. Преобладавшее тогда восприятие отражено, например, в редакционных статьях «Ха-зофех», официальной ежедневной газеты «Мизрахи», которая начала выходить 13 декабря 1936 года: там призывают к тому, чтобы избегать преувеличений в сообщениях о числе жертв. Главным редактором тогда был Мордехай Липсон. Лидеры религиозного сионизма, по всей видимости, считали, что распространение паники среди местного населения нежелательно, особенно в свете опасений, что Германия вторгнется в Эрец-Исраэль через Египет. Нельзя забывать, что после холокоста и даже после создания Государства Израиль выжившие в холокосте отчетливо ощущали, что израильская общественность испытывает сомнения по поводу масштабов катастрофы.

В свете слухов об их истреблении Липсон раз за разом высказывал изумление по поводу пассивности евреев: «Возможно ли, чтобы эти тысячи человек никак не защищались, не боролись за свою жизнь?»[8] Липсона сильно воодушевило восстание в Варшавском гетто, которое фактически спасло честь еврейского народа, однако реакция религиозных сионистов на подобные акты отчаяния была неоднозначной. Не все спешили видеть в них продолжение мифа о Масаде. Хава Эшколи-Вагман, например, показала, что Моше-Цви Нерия, даже будучи создателем молодежного движения и «правым националистом», видел в этих

---

[7] См. [Porat 1990].
[8] Ha-Zofeh. 1942. 7 December.

обреченных восстаниях нарушение священного права на жизнь: «Их выдержка перед лицом смерти далеко превосходит героизм, заключенный в словах "умри, душа моя, с Филистимлянами"» [Eshkoli-Wagman 1997b]. Светские сионисты настаивали на вооруженном сопротивлении, а вот отклик Нерии, напротив, выглядит попыткой показать, что жизнь священна.

Что до откликов Главного раввината, то они прежде всего были сосредоточены на религиозно-духовных аспектах [Eliash S. 1983]. После того как сообщения об уничтожении еврейства начали получать широкую огласку, раввинат присоединился к Американскому раввинистическому союзу (Игуд ха-рабаним) и объявил 12 августа 1942 года международным днем поста. Впоследствии Главный раввинат неоднократно назначал дни молитв и постов в память жертв и в надежде спасти уцелевших. При этом создается впечатление, что особой активности он не проявлял, а его участие в этом процессе было не столь масштабным, как, например, участие раввинатов из Лондона или Северной Америки. В Иешуве был объявлен трехдневный траур (30 ноября — 2 декабря 1942 года), однако рабочее движение выступило против «изгнаннического» отклика (траура и поста) под эгидой Главного раввината; марши со свитками Торы в руках его члены воспринимали как «проявления слабости». При этом другие светские лидеры видели в этом здоровое проявление единства в годину испытаний[9].

Религиозные сионисты из Эрец-Исраэль принимали участие в попытках собрать средства для евреев из воюющей Европы. В начале 1943 года Бар-Илан поехал в США с целью разбудить общественное мнение и заручиться поддержкой в деле спасения европейских евреев. Лидеры «Мизрахи», как и светские сионисты, столкнулись с дилеммой: куда надлежит вкладывать средства — в спасение или в строительство Эрец-Исраэль. Кроме того, религиозные сионисты до определенной степени содействовали поддержанию религиозной жизни в гетто и в Советском Союзе (отправляли туда талес, тфилин, молитвенники

---

[9] См. [Eshkoli-Wagman 2003; Eshkoli-Wagman 2004].

и пр.). Как отмечает Йона Кац, интересной реакцией участников движения «Религиозный кибуц» стало решение призывать к повышению уровня рождаемости в качестве отклика на уничтожение европейского еврейства. В конце 1942 года был создан кибуц Беерот Ицхак в память Ицхака Ниссенбаума, погибшего в холокосте.

Попытки незаконного ввоза беженцев начались после создания отделения Еврейского агентства «Моссад ле-алия бет», которое занималось организацией нелегальной иммиграции в Эрец-Исраэль. Центры молодежного первопроходческого движения, до войны находившиеся за границей, переместились в Эрец-Исраэль. «Ха-поэль ха-Мизрахи» содействовала им, направляя туда молодежь из своих религиозных кибуцев. Например, пятеро молодых людей из кибуца Тират Цви присоединились к членам «Моссада», занимавшимся поисками маршрутов переправки беженцев через Балканы. Один из этих молодых людей, Эфрим Шилох (Шульц), сообщает, что при организации самозащиты и сопротивления по ходу жестоких беспорядков, спровоцированных немцами на юге Тегерана, он читал лекции по Библии. Религиозные сионисты участвовали в этой деятельности наряду с представителями других движений из Иешува, не проявляя при этом каких-то особенных или уникальных свойств, — страх перед уничтожением и необходимость спасать людей сплачивала всех.

Религиозные сионисты принимали активное участие в реабилитации выживших в лагерях для перемещенных лиц, для которых беды еще не закончились. Многие пытались добраться до Эрец-Исраэль, их отлавливали представители британских властей, сажали в лагерь Атлит или — начиная с августа 1946 года — отправляли на Кипр. Со слов свидетелей известно, что в лагерях на Кипре религиозные сионисты организовали борьбу, поскольку квоты на питание и работу в лагерях распределялись в соответствии с политическим весом той или иной партии в Иешуве[10].

---

[10] См. [Weinstein 2001].

Идеологические отклики в Эрец-Исраэль: Шломо Залман Шрагай

Публицистика Шломо Залмана Шрагая, посвященная событиям 1940–1945 годов, позволяет проследить реакцию религиозных сионистов на холокост по мере их развития. На раннем этапе он писал о бедах еврейского народа в классическом ключе, напоминая, что по ходу любой войны евреи неизменно оказывались между Сциллой и Харибдой (обвинения в неблагонадежности, физической слабости и пр.). Масштабы трагедии пока еще оставались неясны. Для Шрагая Вторая мировая война была проявлением современного идолопоклонства; он воспринимал ее как войну лидеров. Гитлер и Сталин являлись идолами, которым приносятся «кровавые жертвы» в лице погибших [Shragai 1959: 156]. Преследование евреев связано с тем, что их вера обнажает ложность идолопоклонства. Исходя из этого, Шрагай в самом начале сделал вывод: это не война последних дней, поскольку она несет евреям страдания и гонения. Он игнорировал многочисленные источники, в которых избавление связывалось со страданиями еврейского народа и с его поражением перед окончательной победой; в источниках это описывалось как эпоха Мессии, сына Иосифа. Шрагай же анализировал сложившуюся ситуацию с позиций религиозного сионизма: единственным положительным аспектом кровопролитной войны является то, что она толкает еврейский народ на поиски избавления («алия, завоевание и строительство»)[11], ибо у него нет надежды, что другие нации мира сделают это для него:

> Наши деяния приблизят нас к Богу. Это наш единственный и непререкаемый ответ на грехи, совершаемые против нас человечеством. Это единственный и непререкаемый ответ, который способен вызвать разочарование у человечества в ответ на многочисленные разочарования, которые оно

---

[11] На иврите — «Алия киббуш у-биньян».

вызвало у тех из нас, кто решился ему довериться. Помимо прочего, это станет нашей местью за капризы человечества [Shragai 1959: 165].

Тем самым Шрагай, по сути, истолковывал войну в чисто религиозном ключе (вера, ересь, мессианство) — и такое объяснение позволяло ему провести аналогию: среди евреев тоже преобладает идолопоклонство, и проявляется оно в массовом отложении от веры. Это — дополнительная стадия в телеологической трактовке войны: война является божественным деянием, цель которого — сокрушить идолопоклонство и спасти народ Израиля. В мае 1942 года Шрагай писал, что гитлеризм надлежит рассматривать через призму упорствующего антисемитизма. Гитлер — это «дежурный» злодей, посланный Богом, чтобы остановить ассимиляцию и подтолкнуть евреев к возвращению в родную землю: он напоминает представителям избранного народа, «откуда они вышли и куда должны вернуться» [Shragai 1959: 201].

В феврале 1943 года, когда в Иешуве начали осознавать масштабы холокоста, Шрагай на короткий период понял, что все объяснения, предлагаемые классиками еврейской мысли, потерпели крах. Видя пассивную реакцию остального мира на холокост, Шрагай признал, что утверждения Иегуды Галеви, рава Кука и прочих, будто еврейский народ находится в сердце мира, более не верны. «У них нет сердца, и мы — не в сердце мира. Сердце их превратилось в камень» [Shragai 1959: 233]. Классическое представление о гармонии между Израилем и народами мира, сформулированное Иегудой Галеви (оболочка и ядро, сердце и органы и пр.), попросту развалилось.

Тем не менее в мае 1943 года Шрагай все еще жаловался на «духовный кризис», распространившийся по миру. К причинам войны он теперь добавил еще одну: развитие науки, благодаря которому человек вообразил себя богом, творцом миров. Эволюция как часть научного прогресса подталкивает к тому, чтобы вести себя по-звериному. Соответственно, действия наций — это результат «духовного кризиса», ущербной идеологии, из чего вытекает следующее: 1) «Истребление Гитлером еврейского народа, к которому он гласно приступил еще до начала войны, является свидетельством духовного кризиса»; 2) «утрата сотен тысяч евреев в России»; 3) британская «политика примирения [в отношении арабов] в этой стране [Эрец-Исраэль] за счет еврейского народа» [Shragai 1959: 185–186]. Шрагай добавлял, что и сами евреи до определенной степени ответственны за этот кризис, поскольку согласились на рассеяние и не перебрались в Эрец-Исраэль.

Итак, Шрагай, что типично, продолжает изъясняться в мессианско-универсальных терминах и возлагать надежды на «божественную искру», каковая есть в каждом человеке, будь то еврей или нееврей. Даже после того, как в Эрец-Исраэль начали распространяться страшные слухи, он продолжал придерживаться универсальной линии, с одной стороны, и телеологического подхода (алия в Эрец-Исраэль) — с другой. Соответственно, его суровые обвинения в адрес Британского мандата только усилились в свете теолого-телеологического восприятия холокоста.

Холокост и мессианство: рабби Цви Иехуда Кук

Глобальные масштабы войны заставили некоторых представителей религиозного сионизма временно отказаться от глубоко укорененных мессианских устремлений. В качестве основного побуждения опять называлась «тихая гавань»: пролитая еврейская кровь взывает к тому, чтобы полностью отмежеваться от неврейского мира. Как говорил Шрагай, «не будет Мессии и избавления <...> пока еврейский народ не обретет полного и окончательного избавления на своей *родине*» [Shragai 1959: 174]. Напротив, нужно искать пути возвращения утраченного Мессии. Шрагай быстро оправился от отчаяния, вызванного действиями других народов, и вернулся к идеологическим устоям религиозного сионизма: процесс избавления никогда не прерывался. Тем не менее диссонанс никуда не делся: «Да, избавление — болезненный процесс. Но кровь взывает из земли» [Shragai 1959: 234][12].

Что касается учеников рава Кука, таких как рабби Якоб Харлап и рабби Цви Иехуда Кук (его сын), в их доктринах мессианский пыл не стихал никогда. Харлап видел в уничтожении европейского еврейства предварительную стадию окончательного избавления. Что же касается трактовки холокоста, предложенной Цви Иехудой Куком, то в ней присутствует жесткое и радикальное утверждение позиции религиозного сионизма, которое звучит и в других письменных источниках: концентрационные лагеря и газовые камеры — это проявление божественного плана. Уже в 1945 году, ближе к концу войны, рабби Цви Иехуда Кук писал, что холокост стал божественным шагом к завершению изгнания:

> Страшное и бесстыдное уничтожение наших синагог и домов учения в местах нашего рассеяния по ходу этих ужасных лет, в противовес собиранию наших изгнанников и заселению нашей земли, обнажает голую правду: именно длань Господня способствовала нашему исходу из пустыни народов. Уничтожение амалекитянами тысяч и тысяч евреев, вождей и рядовых людей вместе с их свитками Торы положило начало губительному шествию пожара разрушений, который пожирал дома и имущество, нажитые богатства и центры культуры, общины верующих в местах их давнего существования. Полное воплощение в жизнь слов «и между этими народами не успокоишься» произошло через то, что у нас выдернули землю из-под ног, положили конец присутствию нашей святости в привязке к определенным местам, к земле и ко всем ее богатствам, в опоганенных землях иноверцев. Окончательное истребление изгнанников проявилось в уничтожении священных мест в изгнании [Kook Zvi 2004, 3: 70][13].

---

[12] Январь 1948 года.
[13] См. [Schwartz 2001, ch. 1].

По словам рабби Цви Иехуды Кука, Бог отчаялся ждать добровольного возвращения евреев в их исконные земли и, соответственно, решил их принудить к этому. В процитированном отрывке рабби Кук делает особый упор на уничтожение центров религиозной культуры в Восточной Европе: это стало окончательным подтверждением того, что места в изгнании евреям нет. Уничтожение этих центров учения по ходу холокоста положило конец последнему оправданию присутствия евреев в чужих землях — изучению Торы.

Рабби Цви Иехуда Кук утверждал также, что у холокоста имеется дополнительный национально-просветительский аспект. Бог знал, что возвращение в землю Израиля возможно только по ходу войны, на которую евреям не хватало физического героизма; именно поэтому в гетто начали возникать очаги вооруженного сопротивления, пусть и обреченного на неудачу. Речь идет о предначертанном процессе, посредством которого евреям надлежит заново открыть свои национальные свойства, в том числе способность сражаться и выживать в тяжелые времена. Соответственно, для Цви Иехуды Кука холокост является предначертанным катарсическим событием, необходимым звеном в цепи шагов к избавлению. В его взглядах ощущается влияние подхода, который преобладал в кругах рава Кука; еще одним его вариантом являются взгляды Харлапа на холокост как событие мессианского толка[14].

Итоги

Исследования религиозного сионизма во время холокоста только начинаются. Важно не забывать о различии между религиозным сионизмом в Эрец-Исраэль и в свободном мире, с одной стороны, и в действиях его поборников под властью нацистов — с другой, равно как и между заявлениями его представителей до и после подтверждения истинности сведений о систематическом

---

[14] См. [Greenberg 1998].

истреблении. История религиозного сионизма в Европе после холокоста, а до определенной степени — и в другие периоды, по большому счету остается неизвестной, поскольку религиозные сионисты не понимали значимости своего движения для истории. Участники движения не вели официальных записей о своей деятельности; в результате исследования могут основываться только на личных свидетельствах. Архивы религиозного сионизма крайне отрывочны, некоторые находятся в плохом состоянии. Соответственно, исследование религиозного сионизма в период холокоста является крайне непростой задачей, особенно в том, что касается попыток отслеживания его уникальных черт, отличающих его от сионизма светского. Возможно, столь пренебрежительное отношение к истории основывается на апокалиптически-мессианском мышлении религиозных сионистов, которые ощущали себя людьми, стоящими на пороге эпохи окончательного избавления, после наступления которой временное и эфемерное уже не будет иметь значения. Однако понимание причин современной тебе трагедии никоим образом этой трагедии не отменяет.

Влияние холокоста явственно проявилось в повышении статуса религиозного сионизма и в упадке несионистского ультраортодоксального мира. Большинство ультраортодоксов погибло в Европе, и, по мнению Дэна Мичмана, именно недостаточная численность и привела к тому, что после создания Государства Израиль уцелевшие вошли в состав «Религиозного фронта»[15]. С идеологической точки зрения первоначальные опасения религиозных сионистов относительно потенциальных последствий антисемитизма оказались полностью оправданными. Рейнес упорно утверждал, что антисемитизм носит иррациональный характер — соответственно, евреям необходим собственный национальный очаг. Вскоре после его кончины вспышка иррациональной ненависти привела к геноциду.

---

[15] См. [Michman 1996].

Глава десятая
Первые годы существования Израиля: надежды и разочарования

Оценка деятельности религиозных сионистов в ранние годы существования Государства Израиль позволяет выявить сложный и неоднозначный статус движения в годы национального возрождения. С одной стороны, это героическая глава его истории: религиозные сионисты участвовали в рождении Государства Израиль, тем самым воплотив в жизнь свои чаяния и подняв свое мессианское толкование событий до новых высот. С другой — религиозному сионизму пришлось столкнуться с официальным признанием секуляризма на государственном уровне. Секуляризм стал политикой государственных институтов в «священном» государстве. Мечта о государстве, основанном на Торе, рассеялась, надежды на учреждение Синедриона возникли и тут же рухнули, впереди ждала прозаическая повседневная борьба. Взлет и упадок движения между созданием Израиля в 1948 году и Шестидневной войной в 1967-м станут предметом этой главы.

Религиозный сионизм и подполье

Как и представители других направлений в политике, религиозные сионисты ставили авторитет и легитимность Британского мандата в зависимость от его способности создать подходящие условия для строительства еврейского национального очага в Эрец-Исраэль. Когда оказалось, что мандатные власти не в состоянии достичь этой цели, религиозные сионисты присоединились к подпольным антибританским движениям. «Мизрахи» участвовала в работе органа, следившего за деятельностью «Хаганы», а Меир Бар-Илан и Иегуда-Лейб Маймон состояли членами разных наблюдательных комитетов. Лидеры «Мизрахи» объявляли британские власти «незаконными» и отрицателями Торы. Галахические судебные решения, вынесенные раввинами — религиозными сионистами, санкционировали всевозможную подпольную деятельность, объявляя ее галахически легитимной или «соответствующей духу галахи». При этом, подобно всему сионистскому движению в целом, религиозные сионисты участвовали в дебатах по поводу того, как им следует реагировать на Британский мандат и на арабов[1].

В рамках религиозной спортивной организации «Эли-цур» были созданы отряды религиозной молодежи, вступавшей в ряды «Хаганы». Как сообщает Иехиэль Элиаш, создатель этих отрядов («батальонов Эли-цур»[2]), в штабе «Хаганы» высказывали озабоченность по поводу того, что такие бойцы рано или поздно выйдут из состава организации и попытаются создать независимые религиозные военные формирования[3]. Элиаш и его соратники отрицали подобные обвинения, подчеркивая, что принцип единства — одна из важнейших целей религиозного сионизма и у них нет никакого желания расшатывать основы «Хаганы». Следуя этому принципу, молодые члены «Эли-цур» повиновались всем приказам и даже приняли участие в «saison» — периоде сотрудничества между «Хаганой» и полицией мандатных властей, когда они совместно выявляли членов подпольных организаций «Эцель» («Иргун цвай леуми») и «Лехи» («Лохамей херут Исраэль»), которые не признавали власти руководства Иешува. Молодежное движение «Брит ха-хашмонаим» («Союз

---

[1] См. [Don-Yehiya 1993].
[2] На иврите — «Мишмарот Эли Цур».
[3] См. [Eliash J. 1983].

хасмонеев»), начавшее свою деятельность в 1937 году, занималось набором религиозной молодежи в «Эцель» и «Лехи». Впрочем, за несколько лет до создания Государства Израиль движение изменило свой курс и перенаправило своих членов в «Хагану»[4].

«Мизрахи» была близка к «Хагане» как по взглядам, так и по политическим установкам, разделяя точку зрения большинства официальных институтов Иешува, что «Хагана» не является подпольным движением в полном смысле этого слова. А вот отношение к «Эцель» и Лехи» характеризовалось внутренним конфликтом. Некоторые члены «Мизрахи» осуждали деятельность этих движений за отделение как по моральным причинам (нанесение увечий мирным гражданам), так и за то, что их деятельность наносит ущерб еврейскому единству, которое воплощает в себе Иешув. Против них выступал, в частности, Моше Шапира. Главный раввинат во главе с рабби Исааком Герцогом и Бен-Ционом-Мейром-Хай Узиэлем выпустил несколько воззваний, направленных против движений за отделение. Другие, в особенности Иегуда Лейб Маймон, проявляли понимание и даже сочувствие в отношении некоторых действий «Эцель» и «Лехи»[5].

Участие в подпольной деятельности давалось религиозной молодежи тяжело. Хотя по данному поводу существуют разные мнения, мы видим попытки создания религиозных подпольных формирований уже на самой ранней стадии. Некоторые участники этого процесса поддерживали полное включение в гражданские формирования с целью оказывать на них влияние и одновременно — с целью предотвратить полномасштабное признание секуляризации. При этом служить религиозным рекрутам было тяжело, особенно из-за нарушений субботы, когда приходилось писать или курить — как в силу боевых условий, так и по приказу светских командиров. Эти молодые люди пытались придерживаться религиозных установлений, в частности изучать Тору, одновременно неся все тяготы военной подготов-

---

[4] См. [Bar-Lev n. d.].
[5] См. [Shatzberger 1985]. См. также [Luz 2003].

ки. Первые курсы для религиозных офицеров были открыты в мае 1939 года, и один из религиозных отрядов принял участие в операции в Бирии, после чего 24 его члена были арестованы англичанами. Это событие превратилось в миф как в «Мизрахи», так и в «Бней Акива», где 11 адара впоследствии было объявлено днем ежегодного паломничества в Бирию.

В канун создания государства

Когда в Иешуве сложилось понимание, что британские власти не намерены менять свою политику даже после окончания Второй мировой войны, было создано Еврейское движение сопротивления[6], объединившее под своей эгидой сторонников борьбы против мандата. «Ха-зофех» писала: «Будет сделано все для нарушения этих законов» (имелась в виду Белая книга)[7]. В свете растущей непреклонности британских властей в годы правления министра иностранных дел Эрнеста Бевина «Мизрахи» превратилась в решительного оппонента умеренной политики Хаима Вейцмана.

Кроме того, большинство лидеров «Мизрахи» продолжало жестко противиться предложениям о разделе[8]. Для них неделимая земля Израиля была понятием принципиальным. Однако в конце 1946 года, когда многочисленные аресты руководства Иешува в «Черную субботу» положили конец ожесточенной официальной подпольной борьбе с британскими властями, эта жесткая позиция была изменена в связи с проблемой перемещенных лиц в Европе. «Государство, пусть и небольшое, — это инструмент спасения», — утверждал Маймон. Он заявил, что еще в 1937 году согласился бы на предложение о разделе, если бы Иерусалим был включен в территорию еврейского государства. К Маймону присоединились рабби Зеев Голд, Хаим Пик

---

[6] На иврите — «Тенуат ха-мери ха-иври».
[7] Ha-Zofeh. 1945. 4 November.
[8] См. главу седьмую.

и другие. В итоге, однако, Бар-Илан и его фракция, выступавшие против раздела, взяли верх, и движение продолжило проводить свою активную линию.

После создания в мае 1947 года UNSCOP (Специального комитета ООН по Палестине) в сионистском движении возобновились дискуссии по поводу раздела. Вопрос заключался в том, выйти ли с инициативой о разделе самим или занять максималистскую позицию и принять идею раздела лишь как неизбежный компромисс. Религиозные сионисты выступили против большинства членов руководства Еврейского агентства, отстаивавшего необходимость создать еврейское государство на всей территории Великого Израиля. На сей раз к «Мизрахи» обратились с просьбой представить свою позицию комитету (в отличие от предшествовавших ситуаций, когда «Мизрахи» сама высказывала желание там выступить), и Бен-Гурион настоял на том, чтобы представил ее Маймон. Маймон выступил перед комитетом, хотя Всемирный центр «Мизрахи» во главе с Бар-Иланом проинформировал Бен-Гуриона, что Маймон не является представителем движения, и заявил: «Вся эта земля наша и, с помощью Бога Израиля, в будущем будет нашей в качестве еврейского государства». После этого он добавил, что все годы еврейского изгнания Эрец-Исраэль оставалась незаселенной, поскольку только евреи способны возродить ее после опустошения. Решение комитета ООН, санкционировавшее раздел и в особенности утвердившее проблематичный статус Иерусалима, вызвало кризис в рядах религиозных сионистов; преодолеть его попытались, объявив процесс избавления постепенным. Одним из элементов, продиктовавших подобный ответ, стала мессианская идея.

Опять же, в рамках принципа единства, являющегося для религиозного сионизма основополагающим, его руководители попытались добиться союза между «Хаганой» и подпольными группами, ратовавшими за отделение. Маймон, Моше Шапира[9],

---

[9] См. [Shabtai 1980; Don-Yehiyah 2004].

Давид Цви Пинкас[10] и другие лидеры «Мизрахи» и «Ха-поэль ха-Мизрахи» твердо решили достигнуть соглашения, которое объединило бы все силы. Религиозные сионисты участвовали в попытках поставить все воюющие силы под общее командование; впоследствии из этого возникла Армия обороны Израиля. В силу того же подхода члены «Мизрахи» и «Ха-поэль ха-Мизрахи» вышли из состава Временного правительства после расстрела «Альталены» — судно, перевозившее оружие для «Эцель», было затоплено береговой артиллерией Тель-Авива — и вернулись только после того, как стало ясно, что гражданской войны удалось избежать.

По ходу Арабо-израильской войны религиозные поселения «Мизрахи» и «Ха-поэль ха-Мизрахи» оказались на линии фронта. Бои шли в блоке Эцион, в долине Бейт-Шеан и в Негеве; в поселениях было много жертв. Если противник был вооружен пушками, бронемашинами и не испытывал недостатка в боеприпасах, то у защитников зачастую не было ни надежного оружия, ни укреплений. Члены кибуцев Кфар-Даром и Беерот Ицхак сражались с египетскими силами. Поселения блока Эцион, жители которых вели бои с иорданцами за контроль над дорогой Хеврон — Иерусалим, были атакованы и покинуты; сражавшиеся в Кфар-Эцион погибли (уцелело лишь четверо), а члены кибуцев Масуот Ицхак и Эйн-Цурим попали в плен и были отпущены лишь одиннадцать месяцев спустя, в апреле 1949 года [Knohl 1975; Ben-Ya'akov 1978]. Как представляется, вклад религиозных сионистов в победу в Арабо-израильской войне оценен не полностью и, как и другие затронутые в этой книге вопросы, требует дополнительного изучения. Подробное военно-историческое исследование событий в поселениях религиозных сионистов позволит прийти к более взвешенной оценке, хотя это и не значит, что полностью будут избыты все обиды по поводу якобы несправедливого отношения к религиозным сионистам. Важно, что эти обиды способны объяснить многие решения, принятые движением впоследствии.

---

[10] См. [Unterman et al. 1954].

На пути к конституции

Часто приходится слышать, что религиозный сионизм не был готов к созданию государства, то есть к тому, чтобы сделать еврейский Закон частью государственного законодательства. Сторонники этой точки зрения исходят из того, что религиозным сионистам следовало подготовить полномасштабное законодательство будущего государства, которое основывалось бы на еврейском Законе, но при этом было бы приспособлено для нужд и условий современного государства. Все эти ожидания были прежде всего обращены к Главному раввинату и его тогдашним главам, рабби Герцогу и рабби Узиэлю[11]. Они, однако, не стали брать на себя эту миссию, поскольку считали себя представителями всего сообщества — как светского, так и религиозного, как религиозных сионистов, так и ультраортодоксов — и полагали, что должны воздерживаться от подобных кардинальных решений. Религиозные сионисты, в свою очередь, прямо и косвенно критиковали пассивную позицию Главного раввината.

В 1948 году около сорока раввинов, близких к «Ха-поэль ха-Мизрахи», собрались в Кфар ха-Роэх с целью создания раввинистического органа, который отвечал бы за формирование религиозной жизни в стране. Была создана полуофициальная организация — Раввинистический комитет при «Ха-поэль ха-Мизрахи»[12], издававший журнал «Шевилин» («Пути»), а также книжную серию под названием «Ха-Тора ве-ха-медина» («Тора и государство») под редакцией Шауля Израэли. Впрочем, и они не имели плана современной конституции, которая объединяла бы в себе галахический и современный законы.

Существует мнение, что религиозные сионисты упустили историческую возможность создать то самое единство, о котором мечтали с самого начала, а именно выработать конституцию, сопряженную с еврейским Законом, которая стала бы приемле-

---

[11] См. [Ratzhabi 1980; Angel 1999; Zohar 2001].

[12] На иврите — «Хевер ха рабаним шел ха-поэль ха-Мизрахи». См. [Cohen A., Kampinsky 2006].

мой законодательной основой для формирующегося государства. Некоторые исследователи, впрочем, указывают на то, что возможности религиозного сионизма оказывать влияние на светское общество были в то время крайне ограниченны. Ашер Коэн показал, что Вархафтиг предсказал провал идеи государства, основанного на Торе, еще до провозглашения государства, — и в итоге предложил «статус-кво» в отношении религии [Cohen A. 1998: 50]. На этом предложении и основывался курс религиозного сионизма в последующие годы.

Полномасштабная конституция так и не была написана; тем не менее велись дискуссии касательно характера будущего государства и его непосредственной связи с еврейским Законом. Не было недостатка в наивных людях, убежденных, что «божественное чудо» рождения государства объединило все сердца — а значит, возможно создание галахического государства. Критические и неоднозначные формулировки Иешаяху Лейбовича ставят под вопрос саму возможность функционирования галахи в современном государстве[13]. В 1940-е и 1950-е годы Лейбович был значимой фигурой для членов «Тора ва-авода» и «Религиозного кибуца». Он был главой фракции «Овед ха-дати» («Религиозный рабочий»), которая осталась в составе Гистадрута после выхода оттуда «Ха-поэль ха-Мизрахи». Лейбович требовал, чтобы духовное руководство религиозного сионизма проявило отвагу и предложило кардинальные решения новых проблем, возникших в связи с политической реальностью существования нового еврейского государства.

Определения зачастую давались от противного: что самым подходящим строем является демократия и конституция должна быть принята представительным собранием, но при условии, что государственное законодательство не навредит Закону Торы. В других случаях выдвигались прямые требования, чтобы государственный закон строился на Законе Торы. Некоторые, например рабби Моше-Цви Нерия, решались придать государ-

---

[13] См. [Leibowitz 1992].

ственному закону галахическую значимость «королевского закона». Впрочем, эти заявления так и не выкристаллизовались в целостную программу. Рабби Герцог в своих трудах высказывал опасения, что любая программа, даже самая смелая с точки зрения религии, светской публике покажется неприемлемой. Противостояние, которым сопровождалось создание Главного раввината, показало, что секуляристы ожидают реформирования, а не просто приспособления галахи под современные реалии. В итоге идея превращения Государства Израиль в государство, основанное на Торе, умерла уже в колыбели.

Решение «бытовых» проблем

Религиозные сионисты не сдерживали своих чувств по поводу создания Израиля. Помимо прочего, это событие подтвердило их общую правоту. При этом важнее других для них оставались теологические соображения: для большинства религиозно-сионистских мыслителей создание Израиля представляло собой божественное чудо. В этой связи следовало ожидать кризиса при столкновении с «бытовыми» проблемами молодого государства (секуляризация, бюрократия, преступность и т. д.). Как уже было отмечено выше, раввинистическая организация в составе «Ха-поэль ха-Мизрахи» опубликовала в качестве отклика на эту ситуацию несколько книг из серии «Тора и государство». В книгах приводились галахические обсуждения современных национальных вопросов общего характера, таких как воинская повинность для женщин и студентов иешив, связь между государственными законами и галахой, галахические проблемы современной медицины. Ниже приведена типичная выдержка:

> В настоящий момент Иешув, помимо сложной экономической ситуации, находится в состоянии духовного кризиса. Подлоги, грабежи, убийства и самоубийства стали повседневными событиями. Идеалистический пыл поугас, масштабные личности исчезают. <...>

Однако и эти серьезные затруднения можно было бы с легкостью преодолеть, если бы религиозное еврейство в этой стране объединилось и отчетливо поняло, что его ждет. На самом деле двойственный кризис [нападения арабов извне и вышеописанный внутренний кризис], разразившийся в Иешуве, не стал для религиозного еврейства неожиданностью. Мы всегда знали, что народ Израиля ждет поражение, если он попытается выстроить свою жизнь так же, как и другие народы. Этот кризис, наставший столь стремительно, должен был бы заложить основы масштабной духовной деятельности, направленной на то, чтобы народ вернулся к своим истокам. Он стал уникальной возможностью для религиозного еврейства, еврейства, живущего по Торе, огласить свою позицию.

К сожалению, этого не произошло. Вместо единения налицо нарастающее размежевание. Никто не обращает внимания на самые опасные признаки, вместо этого все поглощены незначительными вопросами, а также разжиганием разногласий и полемики [Israeli 1953–1954: 5].

Кризис, однако, не вверг религиозных сионистов в уныние, поскольку в их рядах по-прежнему преобладала трактовка событий XX века в мессианском ключе; для них оставалось безусловным, что «государство, ставшее реальностью прямо на [их] глазах, является краеугольным камнем и основой полного обновления». Поскольку текущие события трактовались как составная часть процесса, ведущего к избавлению, оставалось лишь разъяснить и прояснить это для тех, кто пока не видит главного: «...если мы, держатели Торы, сделаем шаг навстречу государству, государство сделает шаг в сторону Торы, ее образа жизни и пути ее заповедей» [Israeli 1953–1954: 6].

В любом случае, именно «бытовые» аспекты существования Государства Израиль определяли курс развития религиозного сионизма: этот курс представлял собой постоянную борьбу за формирование публичного пространства и статуса каждого гражданина в соответствии с религиозным законодательством. В первые три десятилетия существования государства борьба разворачивалась «изнутри», а именно через участие в работе правительства и через «исторический альянс» между религиозным сионизмом и рабочим движением. Этот альянс сложился также и в силу нового статуса «Ха-поэль ха-Мизрахи» как ведущей силы в политике религиозного сионизма, равно как и статуса таких лидеров, как Моше Шапира и Моше Уна, чья поддержка политических договоренностей и социалистических принципов создала необходимые условия для подобного союза.

Борьба за субботу

Курс, который проводили религиозные сионисты в первые годы существования государства, можно проиллюстрировать двумя важнейшими вехами в борьбе за религиозный характер Израиля. Первая веха — это борьба за субботу.

В первом Кнессете религиозные партии («Мизрахи», «Ха-поэль ха-Мизрахи» и «Агудат Исраэль») объединились в единый Религиозный фронт. При этом полного согласия по поводу религиозного характера государства между ними не было, о чем свидетельствуют дебаты по поводу Закона о времени работы и отдыха, который должен был ввести единые нормы для всех граждан страны. Закон гласил, что суббота объявляется еженедельным днем отдыха, однако министр труда получал право выдавать разрешения на работу «жизнеобеспечивающим» предприятиям и организациям, помимо тех, которые были оговорены в законе. Моше Уна сформулировал различие позиций религиозных сионистов и «Агудат Исраэль» по этому вопросу. По его мнению, если религиозные сионисты пытались минимизировать расхождения между законом и галахой через государственно-галахические решения, то «Агудат Исраэль» стремилась усилить конфликт, для того чтобы не произошло смешения между законом государства и галахой [Unna 1983: 235].

По свидетельству религиозных сионистов, входивших в Религиозный фронт (Вархафтига, Уны и других), религиозный сионизм пытался создать всеобъемлющую галахическую основу для выдачи разрешений на работу в субботу, руководствуясь принципом «*пикуах нефеш*» («спасение души» или «риск для жизни»), однако члены Рабочей партии не продемонстрировали ни готовности руководствоваться этим принципом, ни согласия с ним. Главный раввинат в очередной раз отказался вмешиваться в религиозно-светский диспут и не занял взвешенной и твердой позиции. Закон был введен в 1951 году, невзирая на протесты Религиозного фронта. Лидеры религиозных сионистов считали, что разрешения выдаются в неоправданных количествах.

Борьба за принадлежность к еврейству

Второй вехой стал вопрос о принадлежности к еврейству: кого можно считать евреем[14]. Внесение статуса «еврей» в паспорт началось с 1958 года, причем было достаточно личного заявления. На заседаниях кабинета Вархафтиг и Шапира требовали, чтобы основания для получения этого статуса, которые, по их мнению, шли вразрез со «статус-кво», были пересмотрены в свете того, что в иудаизме религия и национальность переплетаются по определению. Как они утверждали, наделение этим статусом вопреки галахе повлечет за собой смешанные браки и размежевание. Бен-Гурион отказался подчиниться требованиям религиозных проповедников на основании того, что Декларация о независимости Израиля обещает свободу вероисповедания, и заявил, что он не пойдет на превращение Израиля в галахическое государство. Вархафтиг и Шапира подали в отставку.

Бен-Гурион запросил мнение пятидесяти ученых из Израиля и диаспоры. В послании к ним, написанном в октябре 1958 года, он указывает, что признание еврейства на основании галахи может помешать возвращению изгнанников, при этом компактное проживание евреев в Израиле нивелирует риск ассимиляции. Тем не менее большинство ученых высказалось за установление еврейства по галахе. Через полтора года, когда собрался Четвер-

---

[14] См. [Hacohen 1988; Elam 2000; Corinaldi 2002; Don-Yehiyah 2002].

тый кнессет, Шапира был назначен министром внутренних дел, и на десять лет споры смолкли. В этот период статус еврея опять стал синонимом галахической идентичности, то есть евреем признавался человек, мать которого была еврейкой или который принял еврейство по галахе. С тех пор признание евреем по галахическим критериям непрерывно размывается в силу новых юридических постановлений, и этот вопрос требует отдельного обсуждения.

Вопросы со статусами субботы и еврейства служат лишь примерами систематической и изматывающей борьбы религиозных сионистов против секуляризации молодого государства. Можно добавить к этому и другие аспекты, например выступления против импорта некошерного мяса, призыва женщин в армию, вскрытий и многого другого. Наряду с этим у движения, по собственному признанию его участников, имелись и достижения: например, соглашение о разделении системы образования на два потока, светский и религиозный, с приданием религиозному образованию определенной автономии (1953). И все же в рядах участников движения нарастало раздражение, которое не удалось погасить «чудом» создания Израиля.

У религиозных сионистов сложилось мнение, что их в принудительном порядке отстранили от рычагов власти, связанных со строительством и поселенчеством в новом государстве, а также что их светские коллеги — или как минимум большинство из них — их не понимают. Более того, им казалось, что их взгляды недостаточно принимаются в расчет при формировании характера государства: секуляризация была на подъеме и — это особенно ярко проявилось в вопросе алии из Йемена — насильственно насаждалась тем самым государством, которое поначалу пробудило у них столь большие надежды[15]. Соответственно, религиозные сионисты волей-неволей вынуждены были начать борьбу за религиозное законодательство, которую израильское общество сочло проявлением малодушия.

---

[15] См., напр., [Genichovsky 1970: 34, 92–93].

Глава десятая

«Исторический альянс»

В этот период религиозный сионизм по большей части придерживался политического курса «внутреннего» влияния. Для многих многолетнее сотрудничество с рабочим движением («исторический альянс», существовавший с середины 1930-х годов) было сознательной и нерушимой скрепой, невзирая на острые противоречия. Много десятилетий спустя председатель Национальной религиозной партии Рафаэль Бен-Натан, которого считали одним из «столпов» движения, писал:

> Движение сионизма состоит из двух частей: политической [и общественно-образовательной]. Теперь уже совершенно ясно, что для «Ликуд»[16], продукта слияния ревизионистов и обычных сионистов, важнее всего территория и политическая независимость, безотносительно к сущности и внутреннему качеству общества. Для рабочих партий, напротив, важны именно эти ценности, в том смысле, что для них качество общества важнее, чем его основание, а под основанием я понимаю землю как таковую, ее измеримые площадь и периметр. Именно поэтому ревизионисты и обычные сионисты на всем протяжении новой истории Иешува в земле Израиля выступали за единую систему образования. Для них формирующееся здесь уникальное мировоззрение не имело никакого значения. И наоборот, Рабочая партия и представители левых в рабочем движении боролись за развитие уникальности и самобытности и передали те же убеждения своим детям. Что касается нас, представителей религиозного образовательного потока, мы тоже хотим внедрять в образование определенные ценности, идеи, особый и обособленный духовный смысл. А это значит, что наши цели и пути их достижения схожи. То же относится и к социальным вопросам, в которых для нас важны религиозные ценности: поселения, защита слабых и угнетенных. Отсюда наш идеологический и, соответственно, «исторический» альянс[17].

---

[16] Крупная правая политическая партия, основанная в 1973 году.
[17] [Ben-Nathan 1991: 212–213].

Хотя союз с рабочим движением пережил взлеты и падения, он свидетельствовал о том, что существуют общий язык и пути взаимопонимания между «центристскими» секулярно-политическими организациями и религиозным сионизмом. Такой альянс согласовывался с политической ориентацией многих членов Национально-религиозной партии и принес ей определенные достижения в области религиозного законодательства, и при этом не противоречил принципу единства, которому движение следовало на протяжении многих лет. Единство Израиля как идейно-метафизический принцип всегда являлось для религиозных сионистов и их лидеров основополагающим элементом. Оно было движущей силой их усердной парламентской деятельности в поддержку правительств национального единства, вроде того, которое было сформировано в канун Шестидневной войны. При этом наличие общего языка с рабочим движением — а некоторые члены партии рассматривали это как знак глубоко укорененного идеологического альянса — воспринималось в широких кругах религиозных сионистов как признак компромисса, распада и, хуже того, — стремления любыми средствами заполучить доступ к власти.

Усиление религиозного образования

Первые иешивы (высшие учебные заведения) появились в 1937–1938 годах («Алума» в Иерусалиме и «Ха-ишув ха-хадаш» в Тель-Авиве), а «Мидрашиат ноам» (акроним «Ноар Мизрахи» — «Молодость Мизрахи») была основана в 1945-м. Однако более обширная сеть иешив, оставивших свой отпечаток на истории движения, была создана под эгидой «Бней Акива»: первой среди них стала иешива «Кфар ха-роех», основанная в 1940 году. До 1950 года рабби Моше-Цви Нерия успешно сохранял в этой иешиве запрет на любые светские предметы; кроме того, только там использовался древнееврейский язык и сохранялась преемственность социального опыта, уникального для религиозно-сионистской молодежи. Однако под давлением родителей учащихся и руководства «Бней Акива» там постепенно вводилось изучение светских предметов. При этом общегосударственные экзамены на диплом о высшем образовании впервые четверо студентов сдали только в 1955 году. Год спустя экзамены были включены в программу обучения, которая была пересмотрена Министерством образования в 1959 году. После этого иешивы были открыты в Раанане (1960), Мерказ-Шапире (1961), Кирьят-Шмуэле (1961) и в других местах. Утренние часы учащиеся посвящали изучению религиозных предметов, остальную часть дня — светских[18]. К концу этого периода под эгидой «Бней Акива» было создано тринадцать иешив, четыре ульпана для девочек, две профессионально-технических иешивы и одна сельскохозяйственная. Ульпаны «Бней Акива» были институтами, до определенной степени аналогичными иешивам; цель их состояла в том, чтобы дать девушкам более глубокое религиозное образование. Первый ульпан, в Кфар-Пинесе, был открыт в 1961 году. В 1960-х и 1970-х годах многие преподаватели иешив не были сионистами, поскольку в рамках религиозного сионизма только началась подготовка учителей, способных преподавать Талмуд на должном уровне, — в основном речь шла о выпускниках иешивы «Мерказ ха-рав».

В начале 1970-х годов, в основном силами учащихся «Мерказ ха-рав», была создана альтернативная система образования в форме школ «Ноам», где акцент делался на изучении Торы; она охватывала период от начальной школы до ульпана для девочек. В итоге в рамках этой системы возникли и иешивы. Постепенно именно она сделалась доминантной, и религиозные сионисты, принадлежавшие к элите, начали отправлять своих детей в такие учебные заведения. Эта альтернатива традиционному религиозному образованию отражала в себе социально-религиозные перемены внутри определенных течений религиозного сионизма; в совокупности они получили название «Хардали» (акроним от сочетания «хареди» — ультраортодокс, и «леуми» — национальный).

---

[18] См. [Bar-Lev 1979].

Другим важным религиозно-сионистским начинанием этого периода — пика влиятельности оно достигло в 1970-е годы — стало создание военных иешив, известных как *«иешивот хесдер»* (имелась в виду особая *хесдер* (договоренность) по поводу воинской службы с Армией обороны Израиля). Первая из *иешивот хесдер*, где сочетались изучение Торы и военная служба, была открыта в Керем бе-Явне в начале 1950-х годов под руководством рабби Хаима Яакова Голдвича. В результате возникла система *«хесдер»*: учащиеся подписывались на пятилетний срок, по ходу которого они обучались в иешиве, уходили на военную службу и возвращались для завершения учебы. Со временем число таких учебных заведений значительно выросло — сейчас их более тридцати.

Рабби Аарон Лихтенштейн, директор иешивы «Хар Эцион» в Алон-Швуте, в начале 1980-х годов написал программную статью, содержавшую идеологическое обоснование *«хесдер»*. Он считал сочетание изучения Торы и военной службы благотворным в нравственном смысле, поскольку сотрудники служб безопасности даже в мирное время подвергаются серьезным рискам, и, соответственно, это бремя должны делить между собой все граждане. Благотворно это и в личностном плане, поскольку у тех, кто изучает Тору, не возникает чувства, что они паразитируют на других. Наконец, рабби Лихтенштейн приводит и галахическое обоснование: речь идет не только о спасении жизней, но и о важнейшей ценности — благотворительности. При этом более короткий срок военной службы в рамках *«хесдер»* является оправданным, поскольку духовные нужды нации важнее нужд безопасности как таковых. *«Хесдер»* воплощает в себе «полное и совокупное еврейское существование» [Lichtenstein 1981][19].

Уникальность этих иешив заключается не только в сочетании изучения Торы и военной службы, но и в их общественной миссии. В отличие от традиционных иешив, основанных на идеале «Торы ради нее самой», в *иешивот хесдер* учащихся готовили к интеграции в общество. Эти иешивы тесно сотрудни-

---

[19] Ср. [Don-Yehiyah 1994].

чали со всевозможными педагогическими учебными заведениями, многие выпускники потом работали в образовании. Начиная с 1980-х годов многие преподаватели — ультра-ортодоксы из иешив начали выходить на пенсию, а на их место приходили выпускники *иешивот хесдер*. Нормативное для ультраортодоксального мира положение, когда учащийся иешивы проводит несколько лет за изучением Торы и только после этого покидает школу и становится преподавателем, не подходило для системы религиозно-сионистского образования. Молодые директора иешив, по преимуществу выпускники *иешивот хесдер*, сформировали новое поколение учащихся иешив. Именно эта тенденция в значительной степени повлияла на состав религиозно-сионистской молодежи в 1990-е годы, именно в ней причина изменений политической ориентации религиозного сионизма.

Позднее возникла еще одна форма интеграции в виде военно-учебной подготовки[20]. Студенты проходили ее на протяжении года или больше, а потом шли на стандартную трехгодичную службу в армии. Назначение ее состояло в том, чтобы подготовить молодых людей к сохранению своей религиозной идентичности по ходу службы в армии, которая по самой своей сути не являлась религиозным институтом, а значит, представляла особую духовную опасность. Учебная тематика была адаптирована под эту задачу, особый упор делался на вопросы веры и участие в текущих событиях. Первый центр подготовки открылся в Эли в 1984 году, сейчас их двенадцать.

Важной вехой в истории религиозно-сионистского образования стало открытие Университета имени Бар-Илана[21]. Инициатором его создания стал первый ректор Пинхас Хургин, до того президент организации «Мизрахи» в Америке. В США религиозные сионисты считали себя важным звеном в распространении движения и просвещении относительно его целей в Израиле. Университет был открыт в сентябре 1955 года, а в 2001-м насчитывал около 20 тысяч студентов.

---

[20] На иврите — «мехина кдам цавьит».
[21] См. [Klein 1997; Schwartz 2006].

Итоги

Религиозный сионизм и его политическое крыло, Национальная религиозная партия (НРП), сознанная в 1956 году в результате союза между «Мизрахи» и «Ха-поэль ха-Мизрахи», до самых 1960-х годов, то есть до начала «Революции молодежи», неизменно уклонялись от идеологических конфликтов[22]. Взаимоотношения между разными фракциями внутри НРП были более или менее сбалансированными, все их усилия были направлены на придание публичному пространству религиозного духа и на урегулирование различных вопросов, связанных с личным статусом. Вопрос, требующий дополнительного исследования, — это вопрос о роли религиозного сионизма в абсорбции «восточных евреев»; речь шла о том, чтобы обеспечить им религиозное образование и одновременно внедрить определенные «ашкеназские» галахические критерии в практику судебных решений и руководства. В целом парламентская деятельность НРП строилась на политической норме борьбы «изнутри». С точки зрения религиозных сионистов, создание Израиля и первые годы существования государства стали воистину непростым периодом.

---

[22] См. главу одиннадцатую.

Глава одиннадцатая
Из арьергарда в авангард: борьба за Великий Израиль

Брожение внутри религиозного сионизма, спровоцированное пассивностью, которая была «навязана» движению в первые пятнадцать лет существования Государства Израиль, в итоге вышло на поверхность. Шестидневная война стала тем судьбоносным событием, посредством которого история позволила движению выплеснуть накопившуюся энергию: Израиль завоевал библейские территории — Иудею, Самарию, Газу и Голанские высоты, восстановил единство Иерусалима. Помимо радости от новой встречи с этими библейскими землями, в рядах религиозных сионистов бушевал восторг идеологического толка, поскольку идея Великого Израиля была основообразующим элементом существования организации еще с 1920-х годов. Представители НРП в Кнессете в апреле 1968 года поддержали создание поселения в Кирьят-Арбе. Год спустя, по итогам решения, принятого на съезде НРП, она призвала правительство «поддерживать стремительное и масштабное создание сельскохозяйственных и городских поселений на освобожденных территориях». Однако важный переход от пассивности к активной деятельности и перемещение с периферии к центру стали очевидны только к концу Войны Судного дня в 1973 году. Только тогда было создано масштабное движение, боровшееся за массовое заселение Иудеи, Самарии и Газы: оно получило название «Гуш эмуним» («Союз верных»). Религиозный сионизм стал движущей силой этого нового движения.

Пробуждение: революция молодежи

В начале 1960-х годов внутри НРП появились первые признаки оппозиционного движения; в него входили молодые члены партии, недовольные олигархической структурой руководства. Первым его проявлением стала «Молодая гвардия»[1], созданная Зевулуном Хаммером и Данни Вернусом при поддержке лидера НРП Моше Кроне. К сильнейшему недовольству руководства партии, «Гвардия» укоренилась в ее теле, и вскоре стало ясно, что молодежь намерена создать оппозиционную фракцию. Самоназвание их было «Молодой круг: молодые члены "Ха-поэль ха-Мизрахи", поставившие себе цель изменить движение»[2]; они пользовались колоссальной поддержкой рядовых членов партии, которые видели в них «единственную надежду на оздоровление движения»[3]. В результате активной деятельности в октябре 1972 года на партийных перевыборах они получили 20 % голосов. По ходу выборов в Девятый Кнессет они объединились с «Хасиах ха-мерказит», во главе которой стоял доктор Вархафтиг, и с фракцией «Ламифнех», возглавляемой доктором Йосефом Бургом. Им удалось сместить доктора Ицхака Рафаэля, лидера фракции «Ликуд у-темура». Рафаэль, придерживавшийся умеренных политических взглядов, в их глазах символизировал пассивность и одряхление партии[4].

Важной характеристикой фракции «Молодой круг» стал бунт против мелких, ограниченных целей НРП. По мнению ее членов, религиозный сионизм должен был принимать участие во всех областях жизни. В заявлении, опубликованном в июне 1961 года, они призывали к созданию форума высокого уровня, который состоял бы из раввинов, ученых и интеллектуалов и должен был

---

[1] На иврите — «Ха-мишмерет ха-цейра».
[2] На иврите — «Хугей ха-цейрим: цейрей ха-поэль ха-Мизрахи ле-шинуи репей ха-тенуах».
[3] См. [Don-Yehiyah 1979; Azrieli 1990; Garb 2004].
[4] Ицхак Рафаэль резко критикует это молодежное движение в своей автобиографии. См. [Raphael Y. 1981].

подготовить программу «государственного режима, основанного на Торе», — в этом ощущалось стремление исправить ошибки партии, которая не смогла воспользоваться исторической возможностью, возникшей в момент создания Израиля. Кроме того, в заявлении говорилось:

> Помимо созыва галахического форума высокого уровня, который способен будет разъяснить вопросы, связанные с созданием государства Торы, партия должна составить план действий и занять жесткую позицию в отношении ряда проблем, имеющихся на данный момент в Государстве Израиль, а также произвести подготовку людей, которые способны были бы возглавить различные правительственные организации [Azrieli 1990: 25].

«Молодежь» действительно высказывала однозначные мнения по вопросам, не относящимся к области религии: например, осуждала Бен-Гуриона за его позицию в деле Лавона. Шестидневная война и ее последствия придали новое направление политике отказа от пассивности: Великий Израиль и заселение освобожденных земель. Большинство ветеранов — руководителей НРП также поддерживало этот новый идеал, однако многие «молодые» одновременно были пылкими и преданными поклонниками «Гуш эмуним».

Деятельность «Гуш эмуним»

До какой степени религиозный сионизм можно считать главной силой, способствовавшей возникновению «Гуш эмуним»?[5] К ее созданию привели брожения, которые можно проследить к трем фокальным точкам:

1. Значительный сегмент религиозных сионистов из числа буржуазии, например «молодой миньян» (молитвенный кворум) из района Рамат-Ган-Гилель, члены которого открыли для себя

---

[5] См. [Don-Yehiyah 1987; Spinzak 1991].

привлекательность активизма. Эти группы на глубинном уровне испытывали недовольство религиозным сионизмом, который был насильственно устранен от активной деятельности в период существования Иешува и в первые два десятилетия жизни Израиля. Теперь же они стали первопроходцами и примеряли на себя первопроходческие мифы. По сути, методы их деятельности заставляли вспомнить «Хагану», «Пальмах» и подпольные движения: важными лозунгами стали для них завоевание земли через создание прецедентов и противостояние робкому истеблишменту, преданность конкретным идеям и выковывание нового типа гордого религиозного еврея.

2. Подпольная группа идеалистической молодежи из элиты, учащиеся иешивы «Кфар ха-роех» в начале 1950-х годов, которые позднее перебрались в иешиву «Мерказ ха-рав». Внутри «Бней Акива» они были известны как «Гахелет» (акроним «Гарьин халуцим ломдей Тора» — «Пионеры, изучающие Тору»); первым делом они попытались создать кибуц из выпускников высокопоставленных иешив, однако в итоге группа распалась. Активные члены группы перебрались в иешиву «Мерказ ха-рав» и сплотились вокруг рабби Цви Иехуды Кука, которого считали ни больше ни меньше как пророком и ясновидящим. Для группы были характерны теолого-мессианские устремления, в поселенчестве они видели наступление обещанного избавления.

3. Группа светских активистов (таких как Ицхак Шамир, который в итоге стал премьер-министром от партии «Ликуд»), поддерживавших идеал Великого Израиля и готовых ради его воплощения в жизнь сотрудничать с религиозными сионистами. Эта группа не была широко представлена в руководстве «Гуш эмуним», однако, как будет указано ниже, сыграла важную роль в ее создании.

Некоторые исследователи во главе с Гидеоном Араном[6] утверждают, что именно выпускники элитных иешив из «Гахелет» стали главной движущей силой в «Гуш». Другие, однако, считают, что эта группа использовала «Гуш» в своих целях

---

[6] См. [Aran 1986; Aran 1990; Aran 1991; Aran 1997].

и придумывала для нее теологическое обоснование, одновременно подгребая под себя ее активистов и ресурсы. В любом случае, их сотрудничество дало заметные результаты в плане создания идеологии Великого Израиля, и религиозный сионизм сместился с периферии сознания израильтян в центр.

Почему «Гуш» возникла именно после Войны Судного дня? Хотя, например, еврейские поселения в блоке Эцион возобновили свою деятельность сразу же после Шестидневной войны, никакого организованного движения по ее итогам не возникло. Однако переход от пассивной к активной сознательности далеко не обязательно был внезапным. Война Судного дня 1973 года положила начало активной борьбе, поскольку в результате создала прецедент возврата территорий. Более того, шок, вызванный войной, сломил гегемонию рабочей партии и ее политической повестки. В последующие годы Зевулун Хаммер указывал, что расцвет поселений в Иудее, Самарии и Газе начался после того, как Генри Киссинджер договорился о подписании мирных договоров. Хаммер пытался поставить окончательное мирное соглашение в зависимость от широкомасштабного строительства поселений по всему Великому Израилю.

Массовое строительство поселений началось в 1975 году: основание Офры и противоречия по поводу группы «Элон-море» стали вызовами для правительства Ицхака Рабина. Конфликты закончились получившим широкую огласку выдворением из Себастии и последовавшим за этим компромиссом (по поводу военной базы «Кадум»). В течение двух последовавших лет поселенческое движение стало свершившимся фактом и продолжало разрастаться. «Гуш» разработала собственную тактику: ночью проводилась стремительная операция по заселению, за этим, как правило, следовало выдворение, потом это повторялось раз за разом. Одновременно «Гуш» развернула протестную деятельность в связи с подписанием соглашений с Египтом и Сирией при посредничестве американцев.

Выборы 1977 года, в результате которых к власти пришла «Ликуд» во главе с Менахимом Бегином, породили множество надежд, вскоре угасших. Серьезную озабоченность вызвало мирное соглашение с Египтом, подписанное год спустя в Кэмп-Дэвиде, а также его претворение в жизнь, по ходу которого в апреле 1982 года поселенцы были выдворены из поселения Ямит. Отношения с правительством Бегина были неоднозначными: хотя официально правительство поддерживало создание поселений, оно требовало от поселенцев соблюдения законов и следования мирным соглашениям. В этот период «Гуш» стала официальной партией и в результате утратила свою изначальную жизнеспособность и широкую поддержку. Кроме того, члены «Гуш» приняли активное участие в создании новой политической партии «Ха-техия» («Возрождение»), в которую вошли религиозные и светские сторонники идеи Великого Израиля, объединившиеся под лозунгом «Мы вместе». Последующий крах «Ха-техия» нанес «Гуш» существенный ущерб, поскольку, вместе с «Тами» (политической партией, объединявшей евреев ближневосточного и североафриканского происхождения), это подорвало авторитет НРП.

То, что Движение против ухода с Синая не смогло предотвратить эвакуации из Ямита, равно как и разоблачения «еврейского подполья» два года спустя — Аран видел в этом результат эвакуации, — свидетельствовало о процессах распада и краха. «Подполье», с одной стороны, осуществляло акты возмездия против арабов за убийства евреев, а с другой — пыталось инициировать событие, которое привело бы к апокалиптическим последствиям (взрыв мечетей на Храмовой горе). Члены подполья (Иегуда Эцион, Иешуа Бен-Шошан и другие) считали, что тем самым они восстановят национальную честь и поднимут дух народа; кроме того, они, по всей видимости, надеялись, что международная религиозная война, которая последует за уничтожением мечетей, приведет к апокалиптическому приходу обещанного избавления. Кризис, связанный с уходом с территорий, и разоблачение подполья лишили «Гуш эмуним» широкой поддержки, поскольку по ходу борьбы за Ямит имели место стычки с бойцами Армии обороны Израиля. Ливанская война, разразившаяся через несколько месяцев после эвакуации, увела этот вопрос на второй план массового сознания. Интифада началась в декабре 1987 года, и в этой связи «Гуш» снова оказалась в центре внимания, однако на тот момент процесс мирного урегулирования уже стал неизбежен[7].

Испытание для буржуазии

Рассмотрим теперь две основные группы, участвовавшие в создании «Гуш эмуним». Представители среднего класса (такие как Гершон Шафат, Элияким Рубинштейн, Нисан Сломянский и др.) считали «Гуш эмуним» активным крылом сионистского движения. Однако именно они создавали мифы внутри движения, именно они прокладывали первые пути. В красноречивых репортажах Меира Хар-Ноя отчетливо виден «компенсаторный» механизм. Хар-Ной описывает, какое воодушевление испытывали люди, приезжавшие из больших городов для участия в операциях по заселению, при любом упоминании об их поступках в новостных бюллетенях. Религиозные сионисты из числа буржуазии понимали, что пресса обладает магической способностью влиять на общественное мнение и помещать определенные события в центр общественного внимания, они восхищались ее новоявленной способностью формировать повестку дня для всей страны и для всего мира: «Речь идет о проблеме международного масштаба» [Har-Noi 1995: 22].

Описания новой встречи с освобожденными землями носят едва ли не эротический характер, причем главной особенностью этого процесса названо слияние человека с природой. Примитивные условия жизни в арабских деревнях и городах усиливали эту атмосферу древности и чувство единения с библейскими землями. Описания, оставленные этими религиозными сионистами — горожанами, ближе по духу к традиции «Пальмах», чем «Мерказ ха-рав»: соприкосновения с природой подаются как что-то вроде пикников, а подготовка операции по заселению

---

[7] Разные истории, связанные с «Гуш», см. в [Ra'anan 1980; Rubinstein D. 1982; Newman 1985; Shafat 1994; Eldar, Zertal 2007; Huberman 2008].

названа «чудным вечерком». Когда на северных границах возникли проблемы с безопасностью, члены «Гуш» вызвались дежурить в дружине в кибуце Сдех Неемия, отчего дух первопроходчества только укрепился. Танцы по ходу эвакуации с Себастии на базу «Кадум» описаны как «радость танцоров, которые заполнили улицы 29 ноября 1947 года» [Har-Noi 1995: 51]; то есть преобладало чувство, что они творят историю и создают новую общность, причем на сей раз основана она религиозными сионистами.

Религиозные сионисты из среднего класса взяли за образец деятельность членов «Херут», которые до рождения государства участвовали в подпольной деятельности и в итоге в 1977 году пришли к власти. Такому восприятию «Херут» сильно способствовали бывшие участники подполья и герои прошлых войн, например Ицхак Шамир и Мейр Хар-Цион. Бывшие члены «Эцель» и «Лехи» полностью разочаровались в политике Менахема Бегина и обучили членов «Гуш» целому ряду тактических приемов. Участники борьбы узнали, как скрывать свои цели, уходить от полицейских «хвостов», делая вид, что они медицинские работники, или под другими предлогами. Поселение на Себастии описывалось как спланированная «военная» операция. В описании поставок продуктов питания поселенцам использованы слова, какими описывают прорыв осады. Коллективная голодовка служит своего рода «мобилизацией». Депутаты от рабочих партий, в том числе Шимон Перес, Игаль Алон и их коллеги, постоянно демонстрировали свои симпатии к этим молодым людям, возвращаясь мыслями к собственной юности.

И наконец, в среде религиозных сионистов из числа буржуазии росли уважение и восхищение по отношению к теологической группе — ученикам рабби Цви Иехуды Кука. Ханаан Порат, рабби Моше Левингер и их друзья внедрили дух идейности в круги религиозных сионистов, проживавших в городах. Было очевидно, что благородно-возвышенные устремления «Гуш» носят мессианский характер. Однако не менее важен оказался и глубокий афронт, вызванный решением ООН от 1975 года, которое приравняло сионизм к расизму и тем самым сравнило его с нацизмом. После этого «Гуш» объединила в общий поток подавленные упования самого разного толка; для объяснения мощи их воздействия необходимы теологические, психологические и социологические теории.

Рабби Цви Иехуда Кук и группа «Гахелет»

В отличие от «горожан», последователи рабби Цви Иехуды Кука видели в «Гуш эмуним» движение религиозного возрождения и к его деятельности относились как к продолжению мессианского процесса. Как уже отмечалось, группа эта возникла в иешиве «Кфар ха-роех», которую тогда возглавлял рабби Моше-Цви Нерия. Координатором группы «Гахелет» — его назначил национальный совет «Бней Акива» — был Хаим Друкман. Среди членов группы, которые впоследствии перебрались в иешиву «Мерказ ха-рав» и провозгласили рабби Цви Иехуду Кука своим духовным лидером, были Зефания Дрори, Барух Залман Меламед и Яаков Филбер — они и сейчас остаются видными лидерами религиозно-сионистской молодежи. К ним присоединились другие учащиеся иешивы «Мерказ ха-рав», в том числе и рабби Цви Исраэль Тау.

Рабби Цви Иехуда Кук заложил основы радикально-мессианского толкования текущих исторических событий. И рав Кук, и его сын рабби Цви Иехуда Кук придерживались мнения, что наша эпоха служит коридором, ведущим к апокалиптическому спасению через чудо. Согласно мессианским источникам, за войнами, характерными для мессианских эпох, последуют времена чудес, когда произойдет воскресение мертвых и рождение нового мира. В эти времена народ Израиля переберется в иной, созданный в воображении мир, мир вечности и бесконечной праведности. Единственное различие между традиционным подходом и подходом рабби Цви Иехуды Кука заключалось в том, что согласно традиционной трактовке Бог укажет момент начала избавления, прислав Мессию (сына Иосифа и сына Давида), люди же никак не могут повлиять на божественное решение (кроме как через коллективный возврат к вере), а по мнению рабби Цви Иехуды Кука, человеку также дозволено проявить инициативу. Более того, в традиционных источниках говорится, что путь избавления жестко детерминирован, а рабби Цви Иехуда Кук считал, что в процессе избавления есть место для борьбы, которая способна ускорить его завершение. Расхождение это важно, поскольку в мессианской доктрине рабби Цви Иехуды Кука, как будет показано ниже, центральную роль играли инициатива и рвение человека.

В согласии с мессианским учением рабби Цви Иехуда Кук рассматривал современную ему эпоху как поступательное развитие событий в направлении полного и окончательного избавления. Расширение границ Израиля после Шестидневной войны стало важным и необходимым этапом на пути к достижению избавления. Борьба за Великий Израиль по ходу подписания мирных соглашений также подавалась как борьба за избавление, в чем на деле присутствовал парадокс: с одной стороны, рабби Цви Иехуда Кук видел в Государстве Израиль и его правительстве проявление божественной воли. «Государственность» (*мамлахтиут*) — ключевое слово в его проповедях и заметках. С другой стороны, рабби Цви Иехуда Кук яростно порицал и постоянно клеймил правительства Израиля, подписывавшие мирные договоры[8].

Ученики и поклонники рабби Цви Иехуды Кука восприняли представление о мессианском порядке в качестве толкования текущих событий и начали тоже им пользоваться. Ливанская война была, по их мнению, очередным этапом в процессе избавления, по ходу которого еврейский народ должен «исправить» мир. Рав Кук видел в Первой мировой войне возврат к стадии мессианского очищения, в котором на сей раз евреи принимают участие с оружием в руках. Однако это жесткое представление о мессианском порядке в итоге было дезавуировано, поскольку борьба за Великий Израиль постепенно прекратилась, а мнение израильтян о «Гуш» изменилось, как будет показано ниже.

---

[8] См. [Ravitzky 1996, ch. 3; Schwartz 1997b, ch. 6; Schwartz 2001: 38–71].

Продолжение борьбы за Великий Израиль

Сразу после Ливанской войны, начавшейся в мае 1982 года, и особенно после резни в Сабре и Шатиле, Зевулун Хаммер, министр образования и культуры и член НРП, объявил, что необходимо рассмотреть мирную альтернативу, поскольку неприкосновенность жизни — ценность не менее важная, чем неприкосновенность земли. НРП, которой руководил доктор Йосеф Бург, воспринималась как «отступница» от борьбы за Великий Израиль; в мае 1983 года рабби Друкман вышел из состава НРП и объявил себя представителем фракции Кнессета, состоящей из одного человека, — «Мацад». Через несколько месяцев рабби Нерия и Йосеф Шапира присоединились к нему, призвав общественность оказать поддержку новой фракции, идеология которой, по сути, сводилась к решительной борьбе против ухода из Иудеи, Самарии и Газы; фракцию также поддержали рабби Дрори, Филбер и Ицхак Леви. Хотя партия и заручилась рядом сторонников из *иешивот хесдер* и близких к ним кругов, судьба ее была решена после того, как всего одного ее депутата избрали в Одиннадцатый Кнессет в 1984 году. Однако семена сдвига вправо уже были посеяны: НРП наконец-то разорвала «исторический альянс» с рабочими партиями и с целью вернуть в свои ряды отколовшуюся от нее важную группу заняла позицию в рядах правых, о чем недвусмысленно высказалась.

Чем отчетливее ощущалась утрата ее общественной поддержки, тем более ожесточенной делалась сама борьба. Сразу после того, как по ходу Шестидневной войны Израиль завоевал новые территории, разразились бурные идеологические и галахические дебаты: должны ли военные подчиняться приказам о выдворении поселенцев с этих территорий? После Войны Судного дня рабби Цви Иехуда Кук вынес решение, запрещавшее подчиняться этому приказу; запрет оставался в силе на протяжении долгих лет, даже после прецедента в Ямите. В начале 1990-х, когда правительство Рабина ускорило процесс мирного урегулирования, борьба обострилась и дошла до стадии делегитимизации правительства и государственных институтов. Рабби Авраам

Шапира (глава иешивы «Мерказ ха-рав» и бывший главный раввин ашкеназов), рабби Шауль Исраэли и рабби Нерия вынесли следующее решение: «Евреям запрещено — ибо так предписывает Тора — принимать участие в любых действиях, способствующих выдворению». По поводу умеренной позиции рабби Овадии Йосефа рабби Шапира писал:

> Сам тот факт, что рабби Овадия Йосеф — не только раввин, но и единоличный лидер политической партии [«Шас»], которой благоволит правительство, вызывает вопросы по поводу конфликта интересов, каковые обычно мешают раввинам и судьям вынести непредвзятое решение[9].

Большинство раввинов из числа религиозных сионистов выступали против любого содействия процессу сворачивания поселений. Тем не менее нельзя не отметить следующее: нет никаких данных о том, что религиозные солдаты уклонялись от исполнения приказов по ходу воинской службы, нет и свидетельств о нарастающей тенденции протестов против службы в армии из страха, что по ходу службы придется участвовать в выдворении поселенцев. На протяжении всего описанного здесь периода ученики рабби Цви Иехуды Кука призывали к тому, чтобы политическая борьба сопровождалась борьбой «духовной», к необходимости просвещения светской публики и привлечения ее к идее Великого Израиля.

В борьбе за Великий Израиль, судя по всему, принимали участие все течения внутри религиозного сионизма. Группа умеренных религиозных сионистов, в которую входили в том числе и деятели науки, попыталась развеять это представление, для чего была создана «Меймад» — партия, отстаивающая необходимость мира даже ценой болезненных компромиссов по поводу территорий. Ее поддержали немногочисленные течения внутри религиозного сионизма («Оз ве-шалом», «Нетивот шалом»), которые возражали против создания поселений еще

---

[9] Цит. по: [Shochetman 1995: 72].

в 1970-е годы; в числе их лидеров был профессор Авиезер Равицкий из Еврейского университета. «Меймад» выбрала своим лидером рабби Иегуду Амиталя, главу иешивы «Хар-Эцион» и бывшего сторонника «Гуш эмуним». Партия не смогла набрать достаточно голосов, чтобы преодолеть порог для участия в выборах в Кнессет в 1988 году. С тех пор она не выходила на выборы самостоятельно, что еще отчетливее подчеркивает верность религиозного сионизма борьбе за Великий Израиль.

4 ноября 1995 года премьер-министр Рабин был убит человеком, который с точки зрения израильского общественного мнения являлся религиозным сионистом, поскольку учился, помимо прочих, и в религиозно-сионистских учебных заведениях. Религиозному сионизму пришлось защищаться от нападок. Многие его члены отрицали какую бы то ни было связь между убийцей и движением, другие же призвали к очищению рядов. Например, если говорить об учениках рабби Цви Иехуды Кука, то рабби Цви Исраэль Тау после убийства перестал читать лекции, в которых звучал отчетливый мессианский посыл. В ночь убийства он оделся в рубище и посыпал себя пеплом. Движение оказалось на распутье. Протестная деятельность стремительно пошла на спад, однако впоследствии возродилась в форме протестов против правительства Эхуда Барака, когда оно продемонстрировало свою готовность пойти на значительные территориальные уступки. Эти процессы стали одним из факторов, обусловивших проигрыш Барака Ариэлю Шарону на выборах премьер-министра.

Итоги

«Гуш эмуним» смогла удовлетворить две важных потребности религиозного сионизма:

1. Она обеспечила религиозных сионистов мифологией, которой тем сильно не хватало. Корреспондент газеты «Ха-зофех» Иона Коэн пишет: «11 адара, в день памяти Тель Хая, Бирия стала Тель Хаем для религиозной молодежи» [Cohen Y. 1995: 41].

«Гуш эмуним» впервые за всю их жизнь даровала этим людям «истинное» ощущение, что они «творят» историю.

2. Она сумела спасти мессианское толкование хода истории. Долгие годы толкование текущих событий как одной из последних стадий процесса избавления отодвигалось на задний план по причине «ужасов» настоящего и нарастающего процесса секуляризации. Однако толкование это лежит в самой основе теологии религиозного сионизма, и «Гуш» своей деятельностью вновь поставила избавление во главу угла. «Гуш» стала лицом религиозно-сионистского сообщества. Она дала возможность для самовыражения учащимся иешив, религиозным сионистам из числа буржуазии, а также женщинам, которые заняли позиции лидеров, от Даниэлы Вейсс до Нади Матар. Религиозный сионизм выдвинулся в авангард, однако в 1980-е и 1990-е годы вновь отошел на периферию. Новые изменения на политической карте, прежде всего возникновение «Шас», почти полностью лишили НРП влияния.

Глава двенадцатая
Религиозный сионизм в США

О значительном влиянии американского еврейства на движение сионизма написано очень много[1]. То же самое влияние присутствует и в религиозном сионизме, как на идеологическом, так и на практическом уровнях. Сочетание религиозно-сионистской идеи и либеральных взглядов американского еврейства привело к возникновению религиозного сионизма особого толка, который определенным образом повлиял и на религиозный сионизм в Эрец-Исраэль. Проблемы, встававшие перед религиозными сионистами в США, были новыми и в значительной степени уникальными: допустимая степень сотрудничества с евреями из реформистских общин, пятидневная рабочая неделя, создание с нуля еврейской образовательной системы. Уникальными качествами обладали и лидеры движения, в особенности рабби Йосеф Соловейчик. Развитию религиозного сионизма в США будет посвящена эта глава.

Основные вехи

Религиозный сионизм в США начался с нескольких попыток создать соответствующую организацию, среди которых были как эфемерные, так и более успешные[2]. Американский филиал

---

[1] См., напр., [Halperin 1961; Friesel 1970; Wiener Cohen 1975; Liebman 2000].
[2] См. [Salmon 1996].

движения «Мизрахи» был образован в конце 1903 года как филиал европейской партии; он вступил в борьбу за власть с американским сионистским движением, однако несколько месяцев спустя прекратил свое существование. Филиалы и молодежные организации («Слава Мизрахи», «Дочери Иерусалима»)³ начали возникать в 1910 году, а Американское движение «Мизрахи» было основано в Сент-Луисе в конце 1912-го, после частного визита Германа Штрюка. Дов-Бер Абрамович был назначен директором «временного» центра, Леон Гельман — его секретарем.

Важным поворотным моментом в деятельности «Мизрахи» стал визит рабби Меира Бар-Илана в США в начале 1913 года. В конце 1915-го к нему присоединился рабби Иегуда Лейб Маймон (Фишман), которого власти Османской империи выдворили из Палестины. Эти два лидера и заложили в Соединенных Штатах основы религиозного сионизма. Первый общенациональный съезд «Мизрахи» состоялся в середине 1914 года, с него и началось официальное существование движения. Съезд прошел в Цинциннати — этот город являлся центром и местом пребывания хорошо организованной еврейской общины. Имелась и символическая причина: город был оплотом реформистских общин, отрицавших сионизм. Необходимо отметить, что в то время всякий еврей, не причислявший себя к реформистским или консервативным общинам, автоматически считался ортодоксальным. Члены «Мизрахи» приняли решение не вступать в Федерацию американских сионистов, а сохранить независимый статус. Бар-Илан и Маймон совместно с Мордехаем Липсоном возобновили выход еженедельной газеты «Ха-иври» в США (в начале 1916 года).

Бар-Илан действовал масштабно и напористо. За два года состав «Мизрахи» расширился с 20 до 101 отделения, центр из Сент-Луиса перебазировался в Нью-Йорк. Этот рост был, помимо прочего, отражением потерь, которые претерпевали еврейские центры в Европе по ходу Первой мировой войны, и проистекавшего из этого перемещения населения, в основном в США.

---

³ На иврите — «Тиферет Мизрахи», «Бнот Иерушалаим».

Переезд в Нью-Йорк положил конец борьбе за власть внутри движения, оно больше не находилось в оппозиции внутри Федерации американских сионистов: оно стало ее неотъемлемой частью.

Бар-Илан был одним из тех, кто возглавил кампанию помощи европейским беженцам. Под его руководством «Мизрахи» стала одним из партнеров-основателей «Джойнт» (Американского еврейского объединенного распределительного комитета). Одно из важных достижений «Мизрахи» состояло в том, что движение вело активную борьбу за пятидневную рабочую неделю, что позволило бы соблюдать субботу; в нескольких местах удалось добиться успеха. Вторым достижением стало создание множества образовательных учреждений (еврейских школ, летних лагерей и пр.). Особого упоминания заслуживает и открытие в 1917 году в Нью-Йорке Педагогического института «Мизрахи» (среди преподавателей были Ицхак Ваксман и Моше Зейдель), а также поддержка иешивы «Ицхак эланан». В 1926 году эти два учебных заведения объединились, что привело к созданию Университета Иешива под руководством Бернарда Ревеля.

Деятельность религиозных сионистов в период десятилетнего председательства Бар-Илана (1915–1926) характеризуется диалектической противоположностью методов их лидеров. Бар-Илан в своей деятельности стремился к быстрому расширению, захвату новых цитаделей, созданию новых филиалов. Кроме того, он сосредоточил значительные усилия на оказании финансовой помощи поселенцам в Эрец-Исраэль, в том числе и в ущерб развитию движения в США. Если Бар-Илан был самодостаточным лидером-центристом, стиль руководства которого препятствовал появлению новых кадров, то Маймон верил в поддержку существующих центров, делал упор на образование и укрепление еврейского самосознания. Кроме того, Маймон критически относился к «бесконтрольной» экспансии движения под руководством Бар-Илана. Стиль Бар-Илана, который мастерски использовал свой ораторский талант, видимо, лучше подходил к динамичному и общинному стилю жизни, типичному для США.

Движение «Мизрахи» в США крепло и расширялось. В тамошней либеральной обстановке возникла женская организация «Мизрахи», были также учреждены местные отделения «Ха-поэль ха-Мизрахи». Начиная с 1925 года американская женская организация начала создавать учебные и профессионально-технические заведения для женщин в Эрец-Исраэль. Бар-Илан и Маймон вели борьбу с невежеством и отхождением американских евреев от религии. Религиозный сионизм продолжал лавировать между распространением самого движения и его политических и образовательных институтов в США и помощью его деятельности в Эрец-Исраэль.

Примечательно, что члены «Мизрахи» не отказывались от сотрудничества с реформистскими и консервативными еврейскими организациями. Жизнь в США всегда требовала внутриобщинной кооперации. Не признавая чужих идеологий, члены «Мизрахи» тем не менее выступали за сплочение рядов для достижения общих целей, таких как работа на благо Эрец-Исраэль; этот подход резко контрастирует с подходом «Агудат Исраэль», решительно возражавшей против подобного сотрудничества.

В период Второй мировой войны «Мизрахи» участвовала как в спасении евреев из Европы, так и в развитии религиозно-сионистского образования в США — по сути, в качестве замены для мира Торы, уничтоженного в Старом Свете. Говоря словами председателя американского отделения «Мизрахи» Леона Гельмана, задача состояла в том, чтобы «спасти не только евреев, но и иудаизм». С этой целью в 1939 году был создан Американский комитет «Мизрахи» по укреплению Торы и иудаизма[4], во главе которого стоял Якоб Левинсон. Через несколько месяцев появился Образовательный комитет «Мизрахи» по вопросам религиозного образования[5], в число руководителей которого вошли Йосеф Локштейн и Рувен Гафни (Вайншенкер). Религиозные сионисты попытались открыть *иешива ктана* (среднюю

---

[4] На иврите — «Ваад ле-хизук ха-Тора ве-ха-яхадут аль-яд ха-Мизрахи бе-Америка».

[5] На иврите — «Ваад ха-хинух ха-хареди ше-ле-яд ха-Мизрахи».

школу для религиозного образования) в каждом еврейском центре. Хотя в этих заведениях преподавали как религиозные, так и светские предметы, многие осуждали их, считая, что они лишают детей возможности получить образование в американской системе.

По крайней мере согласно свидетельствам руководителей «Мизрахи» и историков движения, новости о холокосте подтолкнули членов движения к активным действиям (демонстрации, кампании помощи и т. д.), среди которых было и перемещение центров изучения Торы из Европы в США, и спасение европейских талмудистов с помощью Комитета по укреплению Торы и иудаизма. Но как совместить эти свидетельства с данными исследований, свидетельствующими о том, что действия американских евреев в этот период были крайне малоэффективными[6]? Отличаются ли чем-то реальные побуждения к действию в рамках религиозного сознания в целом и религиозно-сионистского сознания в частности от побуждений в рамках сильнейшей тенденции к секуляризации, преобладавшей в среде американского еврейства? Этот вопрос требует тщательного рассмотрения. Исследования Эфраима Зуроффа и других указывают на то, что в среде американских религиозных евреев наиболее активные действия и протесты наблюдались в начале войны внутри ультраортодоксальных групп[7].

Следует отметить, что в определенном смысле религиозный сионизм в США был несколько ослаблен по двум основным причинам:

> Приезд в США ультраортодоксальных раввинов после Второй мировой войны.
> Алия американских лидеров «Мизрахи»: Бар-Илан уехал в Эрец-Исраэль в 1925 году, Гельман — в 1949-м, а Якоб Хоффман — в 1954-м[8]. За ними последовали многие другие лидеры, и движение погрязло в унылой рутине.

---

[6] См., напр., [Feingold 1995].
[7] См. [Zuroff 1988; Zuroff 2000]. См. также: [Friedman 1985].
[8] См. [Tsur 1999].

Попытки видных религиозных сионистов из Иешува вмешаться в руководство американским религиозным сионизмом приводили к конфликтам. Тем не менее движение эффективно поддерживало создание еврейского государства, боролось с Британским мандатом и оказывало экономическую помощь. Нужно также отметить, что слияние «Мизрахи» и «Ха-поэль ха-Мизрахи» оказалось для американского движения особенно тяжелым процессом, поскольку в то время в США на любые связи с коммунизмом смотрели крайне неодобрительно. В итоге слияние движения религиозных рабочих с «Мизрахи» в Америке произошло с задержкой в несколько месяцев.

Ведущий идеолог: рабби Йосеф Дов Соловейчик

В разгар Второй мировой войны выдающийся, необычайно талантливый ученый вступил в ряды американской «Мизрахи» и стал основным идеологом религиозного сионизма; это был рабби Йосеф Соловейчик. Его идейное и духовное влияние на религиозный сионизм можно сравнить разве что с влиянием рава Кука. В молодости Соловейчик учился в Берлинском университете; хотел написать диссертацию о влиянии Платона на Маймонида, но не смог найти подходящего научного руководителя и вместо этого посвятил свою работу философии Германа Коэна. С 1940-х годов Соловейчик занимался феноменологией, особо интересовался структурой еврейского сознания, а с 1950-х стал мыслителем-экзистенциалистом, изучал смысл еврейского бытия в конкретике. С 1946 года и до самой своей смерти в 1993-м он оставался почетным президентом религиозных сионистов в Америке.

Почему Соловейчик вышел из состава «Агудат Исраэль» и вступил в «Мизрахи»? На этот вопрос предлагается несколько ответов[9]. Некоторые исследователи полагают, что решение это

---

[9] Библиографию трудов Соловейчика и о нем см.: URL: http://www.math.tau.ac.il/~turkel/engsol.html (дата обращения: 22.02.2021).

он принял под влиянием новостей об уничтожении европейского еврейства. Другие придерживаются мнения, что после приезда в США рабби Аарона Котлера «Агудат Исраэль» заняла более радикальную позицию и ученых-евреев родом из Германии отодвинули на задний план. Возможно, на авторитет Соловейчика также повлияло размежевание, типичное для тогдашней жизни в США, стране национальных меньшинств с достаточно неглубокими корнями. О его тревогах на этот счет можно судить по статье того времени «Человек галахи». В этой статье Соловейчик развенчивает взгляд на религию как на тихую гавань, где царит гармония, а сложная жизнь делается простой. Косвенным образом он, судя по всему, ставит сионистов в один ряд с представителями такого подхода в христианском богословии. Про людей, которые ищут в религии спасения от сложностей жизни, он говорит: они «льнут к религии, точно младенец к матери, "прячут голову у нее на коленях, ищут там укрытия для своих неуслышанных молитв" [Х. Н. Бялик, *"Хахнисини тахат кенефех"*] и находят утешение после невзгод и испытаний» [Soloveichik 1983: 140]. Цитата из Бялика, которым Соловейчик восхищался, выражает, судя по всему, страх перед сионизмом, который искал замены религии чем-то иным.

В «Человеке галахи» есть и другие рассуждения, способные объяснить, почему Соловейчик сделал выбор в пользу религиозного сионизма. Фигура человека галахи подана в квазикантианских терминах. Согласно Канту, силами своего восприятия человек не только познает реальность, но и создает ее в виде уникальной структуры (формы чувственности, категории и пр.). Что до человека галахи, он аналогичным образом формирует свою реальность с помощью собственной структуры восприятия, в которую входят чисто галахические модели. По мнению Соловейчика, галаха включает в себя все сферы жизни и, по сути, является единственным содержанием восприятия человека галахи. Из этого вытекает, что в мире, где полностью воплотить галаху в жизнь невозможно, восприятие волей-неволей остается ущербным. Только сионистский подход — попытка создать автономное суверенное государство — может привести к полному воплощению галахи в жизнь. Только еврейское государство способно ввести сельскохозяйственные законы, субботний год и т. д. Именно поэтому Соловейчик поддерживал движение, целью которого было воплощение галахи в жизнь — и, соответственно, возникновение идеального еврея.

Соловейчик стал крупнейшим идеологом религиозного сионизма в Соединенных Штатах. Его проповеди на съездах «Мизрахи» — «Ха-поэль ха-Мизрахи» в США оказали явственное влияние на всю идеологию религиозного сионизма. Проповедь «Кол доди дофек» («Участь и судьба»), прочитанная в День независимости Израиля в Университете Иешива, стала идеологическим манифестом религиозного сионизма. Анализ проповеди Соловейчика, построенной вокруг стиха «от росы небесной и от тука земли» (Быт. 27: 28), показывает, что, несмотря на приметы времени и на бурные события, сильно сказавшиеся на религиозном сионизме, равно как и на изменения в философии движения со времен Рейнеса, взгляды Соловейчика по важнейшим вопросам совпадают со взглядами Рейнеса. Рейнес придавал колоссальное значение понятию национальной чести, и Соловейчик ввел это понятие в идеологию религиозного сионизма. По его мнению, религиозный сионизм спас честь религии, не оставив дело национального возрождения в руках евреев-безбожников: «Лишь благодаря ему [движению «Мизрахи»] мы заняли свое место в великолепной главе создания страны и установления Государства» [Soloveichik 2002: 186].

Государство Израиль важно для Соловейчика по двум причинам:

1. Государство служит подтверждением существования евреев перед лицом антисемитизма. Это подтверждение носит как физический характер (гарантия выживания еврейского народа), так и символический (сам факт того, что у государства много врагов, превращает его в символ еврейского существования).

2. Государство — это инструмент, который подтверждает возможность воплощения галахи в жизнь в современном мире. Этот аспект не менее важен, чем предыдущий, и Соловейчик подает его как догмат «Мизрахи»:

> Я всем сердцем верю в то, что Тора нам дана, чтобы соблюдать, воплощать в жизнь и неукоснительно исполнять ее законы во все времена, повсеместно, в любом общественно-экономическом и культурном окружении; в любых технологических условиях, при любом политическом устройстве. <...> Тора дана для воплощения в жизнь как в галуте, где она определяет частную жизнь отдельного человека, так и в еврейском государстве, где ей должно решать новые проблемы и определять все формы общественной жизни [Soloveichik 2002: 174].

Взгляд Соловейчика напрямую соотносится с апологетикой Рейнеса, поскольку в нем также подчеркнут мотив выживания как часть замысла сионистов. К этому Соловейчик добавляет расширение галахи от личного и общинного уровня до государственного. Наконец, государство как образование, возникшее из ужасов холокоста, является новым примирением между Богом и народом Израиля — это положение Соловейчик подробно проясняет в «Участи и судьбе». При этом метафизику он отвергает как нечто бессмысленное. На место причинно-следственного метафизического вопроса («Почему?») встает экзистенциальный вопрос о смысле.

Соловейчик выступал за участие религиозного сионизма в политике. Поначалу он был против смешения религии с политикой, но впоследствии пришел к выводу, что вопросами образования и религии должны заниматься люди, для которых религия служит основой существования. При этом он критически относился к активным попыткам создать религиозное законодательство и в этом вопросе проповедовал сдержанный подход. Что касается территориальных компромиссов ради сохранения мира, то Соловейчик после Шестидневной войны занял отстраненную позицию, объявив, что эти вопросы находятся в компетенции политиков и военачальников. Кроме того, он критиковал лидеров американских ультраортодоксов, заявляя, что их противостояние религиозному сионизму граничит с лицемерием: в своих американских общинах они выступают за открытость («Или все ваши президенты и служители синагог соблюдают субботу?»), но при этом клеймят религиозных сионистов за сотрудничество с отступниками и за активную деятельность в светских кругах.

Поскольку отношения Соловейчика с религиозным сионизмом определялись центральным местом галахи в его доктрине, он, естественно, крайне неодобрительно относился к коллективной секуляризации сионистского движения в целом, а в Государстве Израиль — в особенности. При этом его философия строится на представлениях, существующих только в религиозном сионизме, согласно которым светские евреи совершают действия, предначертанные Богом, и служат инструментами божественного предопределения.

Одобрение и критика: Леон Гельман

Леон Гельман (1887–1973) — лидер «Мизрахи», оставивший в движении заметный след. Много лет он редактировал печатные органы движения в США, в том числе «Дер Мизрахи вег» («Путь Мизрахи»). После переезда в Израиль он стал председателем Всемирной организации «Мизрахи», а впоследствии — ее почетным председателем.

Гельман крайне критично относился к светскому сионизму и в 1958 году написал такие показательные строки:

> Вера, традиции предков, соблюдение обрядов, религиозные взгляды <…> все это было отвергнуто и отторгнуто, сознательно и последовательно, светскими сионистами. Он [сионизм] был создан для этой цели. Светские тенденции, проявившиеся в эпоху «бури и натиска», погребли все святое под валом ереси и ярости, сделав упор на веру в природные силы, а не на веру в божественную силу, что выше природы, — и поставили себе цель истребить Тору Израиля и ее животворность [Gelman 1958: 6].

В своих статьях он критиковал Бен-Гуриона и Шмуэля Хуго Бергмана, израильскую иудаику и реформу религии.

Кроме того, Гельман был не согласен с общепринятыми представлениями об американском еврействе — их он считал оскорбительными. По его мнению, отношение к американскому еврейству отличалось неоправданной презрительностью и предвзятостью, которые зиждились на ошибочных представлениях об американцах в целом как о людях, лишенных высших ценностей и осмысленного отношения к религии, хотя на деле было верно как раз обратное. Он утверждал, что американцы превыше всего ценят свободу и равенство, а религия (по большей части протестантство) является неотъемлемой частью их жизни. Что до американских евреев и их участия в сионистском движении, Гельман утверждал, что они еще до Герцля играли ведущую роль в распространении идей сионизма. Кроме того, он высоко ценил создание группой американских евреев в 1911 году медицинского центра и поселения Пория — в этом он видел выдающийся пример героизма и самоотверженности. Декларация Бальфура «была сформулирована в Вашингтоне и только потом испорчена в Лондоне» [Gelman 1967: 235]. Примечательно критическое отношение Гельмана к израильскому менталитету — в противоположность американскому:

> Если там, в Америке, мы видим сердечность, душевность и сочувствие, здесь главенствуют аппарат, партия, коллективизм. На этом строятся дружбы, человеческие отношения, взгляд на других. Политика и структура партии и движения ломают и перемалывают отдельных людей, даже самых лучших и самых умных. Человек изнемогает и падает духом в жерновах фракционной борьбы. Размолвки и пререкания, трения и конфликты, размежевания и расколы разрушают и губят все. <...>
> А там? На самом деле в стране «материализма и банальности» человеческое братство главенствует надо всем не только в индивидуальном преломлении. Прекрасно известно, что сердце, приемлющее принцип «возлюби ближнего как самого себя», не отвергнет понятия «возлюби Господа своего». То самое еврейское сообщество, от которого многие отрекаются, представляет собой образец и пример

для подражания в смысле его щедрости, доброты, добродетелей и благоговейного отношения к Богу Израиля, народу Израиля и Государству Израиль [Gelman 1967: 243].

Эти заметки Гельман опубликовал после алии в Израиль. Взгляды его уместно сопоставить со взглядами рава Кука и Давида Коэна (ха-Назира) на их опыт жизни в Эрец-Исраэль и за границей. Раввины Кук и Коэн тоже отмечали коллективизм жителей Эрец-Исраэль, в противоположность индивидуализму иностранцев; они, однако, указывали на идеологические и духовные подоплеки этих различий, Гельман же подает их скорее в политическом измерении. Механизмы политической идентификации, которые неукоснительно действовали в Эрец-Исраэль в подмандатный период и в ранние годы существования Государства Израиль, резко контрастируют с американским индивидуализмом. Кроме того, Гельман превозносил американское еврейство за то, что оно самостоятельно справляется со своими проблемами, тогда как Иешув зависит от внешней помощи. «Мы не ждали подачек» [Gelman 1969: 261]. Помимо прочего, Гельман подчеркивает свойственную евреям склонность к творчеству, которую американские евреи проявляют в самых разных областях, а также развитие еврейской системы образования. Высшим достижением еврейского образования — и здесь нельзя не согласиться с Гельманом, при всей однобокости других его критических высказываний — стал Университет Иешива. Как уже было отмечено, Университет имени Бар-Илана был создан по инициативе американской «Мизрахи» и по образу Университета Иешива.

Гельман, как и другие видные вожди американского еврейства, также переехал в Израиль. При этом он остался патриотом Америки и всей душой поддерживал американское еврейство, в значительной степени являющееся продуктом американской общественной жизни, о чем сказано выше. Любопытный вопрос, пока еще не получивший ответа, — это отношение Гельмана к процессу, в который сейчас вовлечены многие американские евреи, и к новому определению еврейской идентичности, в рамках которого многие делают выбор в пользу разрыва своего иудаизма с Государством Израиль.

Итоги

Как и в другие времена и в связи с другими вопросами, летописцы религиозного сионизма подчеркивают, сколько препон поставило сионистское движение на пути религиозного сионизма в Соединенных Штатах — препон, за устранение которых уже боролся Бар-Илан. Непростые отношения между сионистским движением и религиозным сионизмом в США нуждаются в глубинном анализе, поскольку речь идет о важной составной части полноценного изучения связей между ними.

Глава тринадцатая
Религиозный сионизм: настоящее и будущее

В последней главе я постараюсь проследить текущие общественно-идеологические процессы, происходящие внутри религиозного сионизма. Традиционные структуры, характеризовавшие движение на протяжении многих десятилетий, изменились или попросту распались, перед религиозным сионизмом открылись новые горизонты. Я ограничусь описанием этих перемен, без суждений и оценок.

Тенденции

За последние двадцать лет в религиозном сионизме обозначилось несколько новых тенденций, различных по своему характеру и проявлениям; они являются развитием направлений, ранее остававшихся маргинальными или не существовавших вовсе. Притом что по своей влиятельности и уровню оказываемой им поддержки они сильно различаются между собой, в совокупности из них складывается многообразная мозаика, что подрывает картину единства, которую в прошлом представлял из себя религиозный сионизм[1]:

---

[1] Некоторые из этих факторов рассмотрены в [Sheleg 2000].

Религиозно-сионистский феминизм. Хотя призывы женщин к пересмотру их статуса и новому определению границ ортодоксального иудаизма в отношении к ним пока не вылились в возникновение полномасштабной организации, они звучат сразу из нескольких источников, и дело идет к зарождению нового движения. Пробуждение женского самосознания непосредственным образом повлияло на раввинистический и юридический эшелоны; к их основным проявлениям относятся:

а) изучение Торы. Создание системы женских *мидрашот*, параллельной системе мужских *иешивот*[2];

б) женские миньяны (молитвенные кворумы). В более радикальных вариантах речь идет об эгалитарных миньянах; кроме того, женщинам, с некоторыми оговорками, разрешается участвовать в синагогальных службах и даже проводить их;

в) институционализация. Создание организации «Колех» («Твой голос») и идеологические начинания «Эмуна» (женского движения внутри НРП) с целью повышения статуса женщины превратили феминизм в явственную тенденцию и значимую составную часть религиозного сионизма[3].

Учебно-исследовательские центры. Ряд научных заведений, ранее носивших маргинальный характер, стали весьма значимыми и предлагают новые программы исследований. Центр еврейских исследований имени Яакова Герцога, основанный движением «Религиозный кибуц», а в Иерусалиме — Институт Шалома Хартмана и «Бейт мораша» служат примерами научных центров, где упор делается на приспособление галахи к современной реальности; они во многом соприкасаются с миром раввинистических иешив. Эти учреждения являются центрами изучения иудаизма, их преподаватели и научные сотрудники — это раввины

---

[2] См. [El-Or 2002].

[3] См., напр., статьи в сборниках материалов ежегодных конференций «Колех: форум религиозных женщин» под редакцией Маргалит Шилог: [Shiloh 2001, Shiloh 2003]. См. [Rosenberg-Friedman 2006]. См. также [Kirsch 2004; Schwartz, Baumel 2005]. Весь выпуск «Демократической культуры» (2006. № 10) был посвящен гендерным вопросам в израильском обществе. Особенно важны в этом контексте: [Gross 2006; Cohen T. 2006].

и ученые с современным ортодоксальным мировоззрением. Близость некоторых этих учреждений к движению «Неманей Тора ва-авода», которое пропагандирует плюралистические взгляды в национально-религиозном контексте, — это не просто совпадение. В идеологическом плане они пытаются выработать плюралистический дискурс в отношении экзистенциальных проблем. Они делают много публикаций, создали целую сеть учебных и лекционных центров для широкой публики — тем самым расширив круг тех, кто вовлечен в дело религиозного сионизма. Кроме того, они легитимизировали научные занятия: их сотрудники обладают научными степенями и профессионально занимаются научной деятельностью, многие студенты одновременно учатся в израильских университетах. Широкой общественностью они воспринимаются как сторонники умеренной, интеллектуальной религиозно-сионистской линии.

Идеология «мамлахти». До середины 1980-х годов религиозные сионисты воспринимали Государство Израиль как «начало избавления». Такое восприятие является прямым следствием из метафизики религиозного сионизма, строящейся на «единстве Израиля». Однако после ухода рабби Цви Исраэля Тау и его учеников из иешивы «Мерказ ха-рав» и создания «Хар ха-мор» принцип *«мамлахти»* зазвучал с особенной силой. Дистанцирование религиозных сионистов от национального консенсуса и их связь с конкретным политическим движением («Ха-ихуд ха-леуми») стали особенно болезненными для тех, кто поддерживал идеологию *«мамлахти»*. Некоторые выразили свою озабоченность таким положением дел, поддержав «Шас» вместо национал-религиозной партии «Ихуд леуми». Линии, заданной иешивой «Хар ха-мор», следовали, пусть и лишь до определенной степени, другие иешивы, например иешива из Мецпех-Рамон. Следует также отметить, что в конце 1980-х годов особое распространение получили курсы по подготовке к службе в армии. На этих курсах, где молодежь готовили к полноценной военной службе, делался особый упор на вопросы веры, идентичности и личностного развития. Некоторые руководители этих курсов подготовки придерживаются подхода *«мамлахти»*, о котором говорилось выше.

«Молодежь высот». Группы молодых людей, выросших в поселениях, иммигрантов из Северной Америки, новообращенных и пр. До определенной степени они отошли от проповедуемого религиозным сионизмом идеала открытости, активных действий и призывов к возвращению к истокам и природе. Они дотошно соблюдают определенные заповеди, а что касается духовных устоев, их они во многом унаследовали из хасидизма. Эти молодые люди создают форпосты и поселения на максимальном удалении от центров культуры и от духовных лидеров религиозного сионизма[4], а институционально-раввинистические разрешения на свою деятельность получают в иешиве в Ицхаре и от связанных с нею раввинов, например рабби Давида Дудкевича. Сильное влияние на них оказывают такие деятели, как рабби Ицхак Гинцбург (см. ниже).

Правые политические движения. Речь идет о ряде радикальных движений правого толка, участники которых презрительно относятся к достаточно гибкой политической позиции официального религиозно-сионистского истеблишмента и предлагают альтернативные варианты духовной и политической идентичности. Правое крыло перестало быть монолитным движением вроде «Гуш эмуним», в нем наличествуют различные идеологии и мировоззрения. Вот как выглядят два совершенно разных проявления этого нового правого религиозного сионизма:

а) рабби Ицхак Гинзбург, у которого возникла когорта последователей, вдохновляется хасидскими источниками, прежде всего Хабадом, а также рядом широкомасштабных политических и теократических подходов. Он является сторонником деятельного радикального мессианства[5]. Среди его учеников есть люди, которые сами называют себя религиозными сионистами;

б) движение «Зу арцену» («Это наша земля»), из которого родилось движение «Манхигут иехудит» («Еврейское лидерство»). Это движение призывает своих участников вступать в партию «Ликуд» с целью выдвинуть религиозного кандидата на пост премьер-министра. Его идеологи,

---

[4] См. [Kaniel 2004].

[5] См. [Harari 2005].

такие как профессор Гилель Вейсс, Моше Фейглин и Моти Карпель, призывают к созданию «понимания, основанного на вере», под которым имеется в виду возврат к «аутентичному» религиозно-мессианскому толкованию сионизма[6].

Все эти тенденции свидетельствуют о попытках самоорганизации на разных уровнях и указывают на внутреннюю разносторонность религиозного сионизма. Хотя некоторые из перечисленных организаций являются маргинальными, с появлением Интернета все маргинальное и направленное против истеблишмента стало заметным и влиятельным [Harari 2005: 225–226]. Некогда далекие авторитеты теперь стали близкими и досягаемыми. Респонсы через Интернет на данный момент являются одним из самых значимых факторов в жизни религиозной молодежи. В отличие от традиционных респонсов, сосредоточенных прежде всего на галахических вопросах, в респонсах через Интернет речь идет о лидерстве, идеологии и теологии. Раввины, такие как Шломо Авинер, Шмуэль Элияху, Элияким Леванон и Юваль Шерло, всегда готовы ответить в сети на вопросы молодых религиозных сионистов. Официальный раввинистический истеблишмент в последнее время высказывается против подобной практики, заявляя, что она приводит к поверхностности и даже к презрительному отношению к респонсам.

Социальные изменения

Эти попытки самоорганизации свидетельствуют лишь об общих направлениях. Среди религиозных сионистов по-прежнему существует множество подводных течений, которые отражают в себе изменения, произошедшие за последние двадцать лет. Ниже перечислены несколько фактов и процессов, по которым можно отследить общественные изменения в рядах религиозных сионистов:

---

[6] Об этих движениях см. [Inbari 2009].

«Новая волна». Открытость модным культурным веяниям отражается в возникновении стремления включить в идеологию и повседневную жизнь религиозных сионистов хасидизм, с одной стороны, и мистицизм и вообще представления в стиле «нью эйдж» в числе его ценностей — с другой[7].
Экспансия. Проникновение религиозного сионизма в сферы, ранее для него закрытые. Ранее считалось, что в этих сферах главенствуют левые или группы, связанные с правительством (СМИ, назначения армейского командования и пр.).
Образование. На данный момент национальных иешив в шесть раз больше, чем двадцать лет назад[8]. Например, значительное влияние приобрела система «Амит», предлагающая умеренную альтернативу образовательной модели религиозной средней школы.
Традиционная религиозность. Соблюдение традиций иудаизма было непосредственной целью религиозного сионизма с момента его возникновения. Хотя уровни соблюдения оставались предметом дискуссий и повседневного этоса, само по себе определение этого понятия никогда не подвергалось сомнению. В последнее время широкое распространение получила «легкая» религиозность, в которой задекларированы нормы нестрогого соблюдения галахических и полугалахических норм[9]. Религиозность превращается в идеологию.

---

[7] См., напр., [Amon, Langental 2005; Tzurieli 2007, intruduction]. См. также [Garb 2009].

[8] См., напр., [Don-Yehiyah 1998a]. Следует отметить, что двадцать лет тому назад все солдаты, проходившие военную службу в *иешивот хесдер*, служили в одних дивизиях, одних подразделениях. Целые когорты одновременно записывались в танковые войска, другие — в бригаду «Гивьяти». Сегодня у молодых людей из *иешивот хесдер* много вариантов прохождения военной службы. Такое многообразие сказалось на их подходах к этому вопросу; например, в случае генерала Элазара Штерна, главы армейского отдела по работе с личным составом, который принял решение разбить монолитные подразделения и рассредоточить личный состав. Это событие является еще одним проявлением большей открытости внешнему миру и большей широты кругозора, которые в последние годы стали характерны для рядовых религиозных сионистов.

[9] Это характерно и для религиозных практик широких сегментов евреев с Ближнего Востока и из Северной Африки. Однако, в противоположность традиционализму, типичному для этих общин, в данном случае мы имеем

Духовный опыт. Молитвенный ритуал — основной элемент религиозной жизни; он проводится в консервативной обстановке, согласно установленным образцам (кантор стоит лицом к общине, раввин проповедует и т. д.). Один из примеров поиска новых духовных опытов — увеличение числа миньянов, использующих стиль Карлебаха. Молитва сопровождается музыкой и танцами, жесткость традиционных норм при этом нарушается.

Организация досуга. Религиозно-сионистская молодежь больше не сторонится традиционного досуга, например баров; собственно, для них уже существуют специальные бары. Религиозные «рок-звезды» сочиняют альтернативную религиозную музыку (Арон Разаэль, Синай Тор, Шиви Келлер, Уди Давиди, Габриэль Хасон, Ади Ран, группы «Рева ле-Шева», «Ха-мадрегот» и пр.), которая заняла важное место в сознании религиозных сионистов. В последние годы также выяснилось, что молодые религиозные сионисты экспериментируют с наркотиками (похоже, что не тяжелыми)[10].

В связи с этими новациями религиозный сионизм вновь оказался на распутье. Питер Бергер отмечает, что одним из откликов религии на современность становится желание договариваться, то есть религия отказывается от определенных требований, дабы вписаться в современный мир [Berger 1992]. Никогда религиозные сионисты не договаривались так активно, как в период, начавшийся в конце 1980-х годов. Можно попробовать оценить, насколько решающее влияние оказала на религиозный сионизм атмосфера постмодернизма. Поведение многих молодых религиозных сионистов можно объяснить, исходя из их оппозиции той или иной идеологии[11]. Например, «Молодежь высот» вообще не ищет идеологии; они интуитивно пришли к выводу, что их дом —

дело с идеологией, которая предполагает выборочное применение отдельных норм и отказ от других. Следует также отметить, что некоторые из изменений в нормах галахического поведения приписывают студентам Университета имени Бар-Илана — к ним, например, относится символическое покрытие головы замужними женщинами. См. [Schwartz 2006, 1: 79].

[10] См., напр., Schiff S. Be-Sod Siach // Ha-Zofeh. 2007. 15 June.

[11] О связи молодежи с процессами секуляризации см. [Fischerman 1998].

среди девственной природы Иудеи и Самарии. Кроме того, как утверждает рабби Шимон Гершон Розенберг (Шагар), «*хесдерник* теперь — не тот хороший мальчик, которым он был раньше» [Rosenberg 2004: 113][12]. С одной стороны, религиозный сионизм вбирает в себя все больше разных идеологий, с другой — постмодернизм оставил свое клеймо на движении, которое отошло от прежней своей жесткой идейной линии. Диверсификацию внутри религиозного сионизма можно также объяснить рядом достаточно трагических событий, таких как разоблачение еврейского подполья, соглашения в Осло, убийство премьер-министра Ицхака Рабина и эвакуация поселенцев из Газы и Амоны. Впрочем, эти трагические события не положили конца диверсификации, которую следует рассматривать в контексте участия в жизни мультикультурного мира эпохи постмодерна.

Идеология

Вернемся в сферу идеологии. Многие аспекты философии рабби Соловейчика представляют собой яркий контраст мировоззрению религиозных сионистов, в котором метафизика является одним из основополагающих понятий. Если бы рав Кук и рабби Соловейчик, которые высказывали свои идеи в совершенно разных понятиях и регистрах, могли бы встретиться, их беседа, скорее всего, вылилась бы во взаимонепонимание и отсутствие диалога. Структурообразующий элемент философии рава Кука — метафизическая, причинно-следственная, телеологическая историческая философия и историография. Сам рав Кук, его сын рабби Цви Иехуда Кук, их ученики и ученики их учеников всегда исходили из того, что история — это поступательное движение к избавлению. При этом рабби Соловейчик подспудно борется именно с такой трактовкой. По его мнению, эти причины выглядят бессмысленной и поверхностной догадкой относительно неисповедимых путей Господних. Свою основную

---

[12] В этом контексте учащиеся *иешивот хесдер* воспринимаются как элита религиозно-сионистского лагеря.

миссию он видел в том, чтобы призвать сосредоточиться на вопросе смысла и на галахических ответах на этот вопрос.

Отказавшись в своих трудах от метафизики, рабби Соловейчик сместился на периферию израильского религиозно-сионистского сознания. Фигура рабби Соловейчика — полимата и одновременно религиозного сиониста — являлась предметом гордости и восхищения, его труды тщательно штудировали в сионистских иешивах, однако при этом труды эти не были органичной частью религиозно-сионистского сознания. «Участь и судьба» всегда считалась образцом религиозно-сионистской гомилевтики, однако высказанные там антиметафизические идеи так и не были признаны движением. Если сравнить, какое место занимают работы рабби Соловейчика и рава Кука в сознании молодых религиозных сионистов, то станет понятно, что в публичном дискурсе внутри этих кругов рабби Соловейчик отодвинут на задний план. В рамках общепризнанной концепции декларируется построение метафизической монолитной нации, внутри которой коллектив обладает трансцендентным значением, а мессианское прочтение истории является единственно возможным. Экзистенциальные теории рабби Соловейчика — он видит смысл существования еврейства в подлинной солидарности и под эгидой галахи — никогда не были значимой движущей силой.

В последние пятнадцать лет ситуация изменилась. Внутри религиозного сионизма произошли социальные, общинные и политические изменения, которые еще дожидаются пристального социологического анализа. Далее последуют лишь некоторые предварительные замечания. Религиозно-сионистское сообщество продолжает существовать, однако теперь взращивает новый для него индивидуализм, примерами которого могут служить «Молодежь высот» и ортодоксальный феминизм. Другой пример — многочисленные националистические иешивы, число которых за последние двадцать лет утроилось. Большое количество таких иешив свидетельствует об индивидуалистических тенденциях в кругах ешиботников. Традиционное понятие «*лернен*» (имеется в виду изучение Талмуда) приобрело куда более широкое значение, вобрав в себя религиозную философию, каббалу и хасидскую мысль (в кругах религиозных сионистов она носит название «*эмуна*»), а также включило в себя деятельность на благо общества, всевозможные способы участия в жизни армии, теперь доступные учащимся хесдеров, и т. д.

В то же время труды рабби Соловейчика постепенно занимают главенствующее положение в сознании учащихся и преподавателей сионистских иешив. Латентный призыв отказаться от метафизики и вернуться к «реальности» теперь определяет уклад жизни многих религиозных сионистов. Распад метафизического единства способствует расцвету индивидуалистических тенденций. Можно с полным правом сказать, что «Участь и судьба» стала неофициальным манифестом следующего поколения религиозных сионистов. Если в прошлом тон религиозного сионизма полностью задавали рав Кук и его окружение, то на настоящий момент появилась реальная альтернатива — подход рабби Соловейчика.

Еще один аспект, требующий особого внимания, — это статус идеологии «Великого Израиля» в свете территориальных компромиссов последних трех десятилетий. В рамках религиозно-сионистской мысли было выработано два отдельных представления об Эрец-Исраэль:

> *Земная юдоль*. Подобный «прагматический» подход предполагает, что Эрец-Исраэль — это обязательная предпосылка для полного воплощения в жизнь галахи, полностью лишенная всяческого метафизического смысла. Эрец-Исраэль — это единственное место, способное обеспечить не только благополучие, но и культурно-религиозное развитие еврейского народа. Сторонники этого подхода, вдохновленные националистическими идеалами XIX века, видят в родной земле (*моледет*) ключевой фактор развития народного духа.
>
> *Божественная юдоль*. Подобное восприятие Эрец-Исраэль, которое можно назвать «онтологическим» и «эссенциалистским», исходит из того, что Эрец-Исраэль обладает собственным мистическим свойством (*сегула*). Это свойство, в сочетании с национальными особенностями (*сегула ам Исраэль*), представляет собой куда более могущественную совокупность, чем обычное положение нации. Божественные представления о земле Израиля начинаются на самом

пике земных: народный дух, то есть романтические и органические составляющие понятия «нация» (в том числе и «родина») — это лишь отправная точка. Сочетание нации и страны ведет к соединению и даже к слиянию двух независимых и метафизических автономных единиц, что влечет за собой легкоразличимые радикальные мессианские последствия. В рамках такого подхода Эрец-Исраэль предстает независимой персонифицированной сущностью, обладающей собственной волей и святостью. Рав Кук и представители его круга развивали именно этот подход, который и стал преобладающим среди религиозных сионистов.

Рабби Соловейчик — главный глашатай «прагматического» подхода. При том что, говоря об Эрец-Исраэль, он иногда позволяет себе эссенциалистские формулировки, он считает ее местом, где галаха способна достичь полного расцвета. «Участь и судьба», при определенном прочтении, дает ответы и на этот вопрос: метафизический смысл доказал свою непригодность, на его место пришел смысл, заключенный в конкретном галахическом действии. Воплощением в жизнь этого устремления служит сама по себе жизнь в Эрец-Исраэль, а не метафизические рассуждения. Шкала ценностей, предложенная рабби Соловейчиком в «Участи и судьбе», в итоге стала единственным мерилом, которое не противоречит истории и не пытается объяснить ее в понятиях, все хуже и хуже соотносящихся с реальностью, — мерилом, с помощью которого можно предотвратить кризис в том случае, если устремление окажется неосуществимым.

Эти новые подходы не мешают молодым религиозным сионистам внимательно изучать тексты рава Кука и его учеников. Скорее напротив: многие книги последних лет посвящены именно этим предметам, а глубокое погружение в эти тексты остается основой всех образовательных программ религиозного сионизма. Тем не менее взгляды рабби Соловейчика лучше соотносятся с новыми веяниями в религиозном сионизме, и их использование представляется все более естественным и разумным. До определенной степени этот сдвиг в духовной жизни отражает те изменения, которые произошли в религиозном сионизме на протяжении двух последних десятилетий.

Библиография

Книга служит введением в вопрос о религиозном сионизме, в связи с чем в библиографию включен широкий круг работ с целью представить предмет в максимально широкой перспективе. Не все работы цитируются в тексте.

Источники

Admanit 1977 — Admanit Z. Downstream, Upstream. Tel Aviv: Ha-Kibbutz Ha-Dati, 1977 (на иврите).

Ahituv 1995 — Ahituv Y. On the Verge of Change: A Study on Contemporary Jewish Meanings. Jerusalem: Ministry of Education, 1995 (на иврите).

Amiel 1926–1928 — Amiel M. A. Sermons to My People. Warsaw: Feniks, 1926–1928 (на иврите).

Amiel 1936 — Amiel M. A. Reflections to My People. Jerusalem: n. p., 1936 (на иврите).

Amiel 1937 — Amiel M. A. The Spiritual Problems of Zionism. Tel Aviv: Histadrut Hamizrahi, 1937 (на иврите).

Amiel 1943 — Amiel M. A. For the Perplexed of Our Time. Jerusalem: Mosad Ha-Rav Kook, 1943 (на иврите).

Aminoah 1931a — Aminoah N. Our Goals in the Moshavei Ovadim // Yalkut: An Anthology on the Torah va-Avodah Idea. Jerusalem: Torah va-Avodah, 1931 (на иврите).

Aminoah 1931b — Aminoah N. Religious Labor Movement. Jerusalem: Torah va-Avodah, 1931 (на иврите).

Aminoah 1968 — Aminoah N. At the Fountain [Al ha-Mabu'a] / ed. by Yeshayahu Bernstein. Tel Aviv: Aminoah Memorial Fund, 1968 (на иврите).

Amon, Langental, 2005 — Amon N., Langental M. When Moses Met Buddha. Tel Aviv: Miskal, 2005 (на иврите).

Avi'ad 1948 — Avi'ad (Wolfsberg) Y. Gateways to Philosophical Problems of Our Time. Jerusalem: Mosad Ha-Rav Kook, 1948 (на иврите).

Avi'ad 1958 — Avi'ad (Wolfsberg) Y. Reflections on the Philosophy of History. Jerusalem: Mosad Ha-Rav Kook, 1958 (на иврите).

Avi'ad 1962 — Avi'ad (Wolfsberg) Y. Judaism and Present. Jerusalem: WZO, 1962 (на иврите).

Aviner 1983 — Aviner S. Am ke-Lavi. 2 vols. Jerusalem: n. p., 1983 (на иврите).

Avneri 1988 — The Seventh Convention of Ha-Po'el ha-Mizrachi Movement in Eretz Israel (1935) / ed. by Y. Avneri. Ramat-Gan: Bar-Ilan University, 1985.

Bar-Ilan 1950 — Bar-Ilan (Berlin) M. Writings. Jerusalem: Mosad Ha-Rav Kook, 1950 (на иврите).

Bar-Ilan 1971 — Bar-Ilan (Berlin) M. From Volozhin to Jerusalem. Tel Aviv: R. Meir Bar-Ilan Publication Committee, 1971 (на иврите).

Ben-Nathan 1991 — Ben-Nathan R. In One Movement. Jerusalem: Moreshet, 1991 (на иврите).

Berkovitz 1973 — Berkovitz E. Faith after the Holocaust. New York: Ktav, 1973.

Bernstein 1953 — Mizpeh / ed. by Y. Bernstein // Hazofeh Yearbook for 1953.

Bernstein 1956 — Bernstein Y. Mission and Pathway. Tel Aviv: Moreshet, 1956 (на иврите).

Bernstein 1965 — Bernstein Y. Within Circles of Enslavement and Redemption. Jerusalem: Mosad Ha-Rav Kook, 1965 (на иврите).

Churgin, Gelman 1936 — Mizrahi Jubilee Publication of the Mizrahi Organization of America / ed. by P. Churgin, L. Gelman. New York: Posy Shoulson, 1936 (на иврите).

Cohen D. 1970 — Cohen D. The Voice of Prophecy. Jerusalem: Mosad Ha-Rav Kook, 1970 (на иврите).

Duschinsky 1982 — Duschinsky R. J. In the Paths of the Festivals. New York: Hermon, 1982 (на иврите).

Eliash J. 1983 — Eliash J. A. Action Out of Vision. Tel Aviv: Merkaz Eli-Tsur, 1983 (на иврите).

Eliav, Raphael, 1982 — Sefer Shragai / ed. by M. Eliav, Y. Raphael. Jerusalem: Mosad Ha-Rav Kook, 1982 (на иврите).

Federbusch 1957a — Federbusch S. Torah and Kingdom: The State in Judaism. 2nd ed. Jerusalem: Mosad Ha-Rav Kook, 1973 (на иврите).

Federbusch 1957b — Federbusch S. On the Paths of the Talmud. Jerusalem: Mosad Ha-Rav Kook, 1957 (на иврите).

Federbusch 1960 — Federbusch S. The Vision of Torah and Zion. Jerusalem: Mosad Ha-Rav Kook, 1973.

Gardi 1973 — Gardi N. Memoirs of a Religious Pioneer. Tel Aviv: NRP, 1973 (на иврите).

Gelman 1958 — Gelman L. The Nation Everlasting. Jerusalem: Mosad Ha-Rav Kook, 1958 (на иврите).

Gelman 1967 — Gelman L. In the Paths of Judaism. Jerusalem: Mosad Ha-Rav Kook, 1967 (на иврите).

Gelman 1969 — Gelman L. In Gracious Ways. Jerusalem: Mosad Ha-Rav Kook, 1969 (на иврите).

Genichovsky 1970 — Genichovsky E. M. Judaism, State, Government. Ramat-Gan: Masada, 1970 (на иврите).

Goldman 1996 — Goldman E. Expositions and Inquiries: Jewish Thought in Past and Present / ed. by A. Sagi, D. Statman. Jerusalem: Magnes Press, 1996 (на иврите).

Goren 1996a — Goren S. The Theory of the Festivals. Jerusalem: Ha-Idra and Masorah La-Am, 1996 (на иврите).

Goren 1996b — Goren S. The Theory of the State. Tel Aviv: Yediot Aharonot, 1996 (на иврите).

Hameiri 1944 — Hameiri (Ostrovsky) M. The History of the Mizrahi in the Land of Israel. Jerusalem: Rubin Mass, 1944 (на иврите).

Harlap 1977a — Harlap J. Mei Merom: Lehem Abirim. Jerusalem: Bet Zevul, 1977 (на иврите).

Harlap 1977b — Harlap J. Mei Merom: Mi-Maynei ha-Yeshuah. Jerusalem: Bet Zevul, 1977 (на иврите).

Holzberg 1938 — Holzberg R. H. Is There a Contradiction between Religion and the Natural Sciences // Ha-Hed. 1938. Vol. 13, № 5. P. 17–19 (на иврите).

Jawitz 1935 — Jawitz Z. A History of the Jewish People. 14 vols. Tel Aviv: Ahiezer, 1935 (на иврите).

Jawitz 1943 — Jawitz Z. Collected Works. Jerusalem: Mosad Ha-Rav Kook, 1943 (на иврите).

Kook n. d. — Kook A. I. The Vision of Redemption. Jerusalem: R. Abraham Hacohen Kook Publication Society, n. d. (на иврите).

Kook 1902 — Kook A. I. Advice from Afar // Ha-Peles. 1902. № 2.

Kook 1962 — Kook A. I. Epistles. Jerusalem: Mosad Ha-Rav Kook, 1962–1965 (на иврите).

Kook 1963a — Kook A. I. Lights. Jerusalem: Mosad Ha-Rav Kook, 1963 (на иврите).

Kook 1963b — Kook A. I. The Lights of Holiness / ed. by D. Cohen. Jerusalem: Mosad Ha-Rav Kook, 1963 (на иврите).

Kook 1967 — Kook A. I. Eder HaYakar v'Ikvei Ha'Tson. Jerusalem: Mosad Ha-Rav Kook, 1967 (на иврите).

Kook 1980 — Kook A. Y. Collected Essays (Ma'amrei ha-Ra'ayah). Jerusalem: n. p., 1980 (на иврите).

Kook 1983 — Kook A. I. Mists of Purity. Jerusalem: The Zvi Yehuda Hacohen Kook Institute, 1983 (на иврите).

Kook 1985 — Kook A. I. The Lights of Faith / ed. by M. Gurevitch. Jerusalem: n. p., 1985 (на иврите).

Kook Zvi 1983 — Kook Z. I. From Within the Redeeming Torah. Jerusalem: Zemah Zvi, 1983 (на иврите).

Kook Zvi 1989 — Kook, Z. I. The Light of My Pathway / ed. by H. I. Steiner, I. Klonsky. Jerusalem: The Zvi Yehuda Hacohen Kook Institute, 1989 (на иврите).

Kook Zvi 2004 — Kook Z. Y. On the Paths of Israel. Jerusalem: Amutat Heshen Lev, 1966 (на иврите).

Kressel 1969 — On the Lookout: Selected Writings of Simon Menahem Laser / ed. by G. Kressel. Jerusalem: Mosad Ha-Rav Kook, 1969 (на иврите).

Landau 1935 — Landau S. H. Ketavim [Writings]. Warsaw: Hashomer Hadati in Poland, 1935.

Leibowitz 1992 — Leibowitz Y. Judaism, Human Values, and the Jewish State / ed. by E. Goldman / transl. by E. Goldman, Y. Navon et al. Cambridge, MA: Harvard University Press, 1992.

Lev 1959 — The Bnei-Akiva Book / ed. by I. Lev. Tel Aviv: Israel Bnei Akiva Executive, 1959 (на иврите).

Levanon 1982 — Levanon I. Chapters in the History of Religious-Zionism in Romania. Haifa, 1982 (на иврите).

Lipschuetz 1957 — Lipschuetz E. M. Writings. Jerusalem: Mosad Ha-Rav Kook, 1957 (на иврите).

Maimon 1937 — Maimon (Fishman) J. L. Religious-Zionism and its Development: Chapters in the History of the People of Israel and the Land of Israel. Jerusalem: WZO, 1937 (на иврите).

Maimon 1946 — Maimon (Fishman) J. L. Sefer Hamizrahi: R. Yitzhak Ya'akov Reines Memorial Volume. Jerusalem: Mosad Ha-Rav Kook, 1946 (на иврите).

Maimon 1951 — Maimon (Fishman) J. L. Renewing the Sanhedrin in Our Renewed State. Jerusalem: Mosad Ha-Rav Kook, 1951 (на иврите).

Maimon 1965 — Maimon (Fishman) J. L. For the Hour and for the Generation. Jerusalem: Mosad Ha-Rav Kook, 1965 (на иврите).

Maimon 1989 — Maimon (Fishman) J. L. Israel, Torah, Zion. Jerusalem: Mosad Ha-Rav Kook, 1989 (на иврите).

Nissenbaum 1931 — Nissenbaum Y. Ancient Heritage [Kinyianei Kedem]. Warsaw: Grafia, 1931 (на иврите).

Nissenbaum 1939 — Nissenbaum Y. Tradition and Freedom. Warsaw, 1939 (на иврите).

Nissenbaum 1948 — Nissenbaum Y. Selected Writings. Tel Aviv: Levin Epstein, 1948 (на иврите).

Nissenbaum 1969 — Nissenbaum Y. Alei Heldi (Memoirs). Jerusalem: Rubin Mass, 1969 (на иврите).

Orlian 1987 — Orlian M. Or ha-Meir [The Illuminating Light]. Tirat Zvi: Tirat Zvi Press, 1987 (на иврите).

Pipeerno 1974 — Pipeerno G. Ebraismo, Sionismo, Haluzismo / ed. by Y. Di Catro. Sdeh Elyiahu: Sdeh Eliyahu Publishing House, 1974 (на иврите).

Raphael Y., Shragai 1977 — The Book of Religious-Zionism / ed. by Y. Raphael, S. Z. Shragai. Jerusalem: Mosad Ha-Rav Kook, 1977 (на иврите).

Raphael Y. 1981 — Raphael Y. «Not Easily Came the Light»: Chapters of a Life. Jerusalem: Idanim, 1981 (на иврите).

Reines 1886 — Reines Y. Y. Sheare Orah. Vilna, n. p., 1886 (на иврите).

Reines 1896 — Reines Y. Y. The Light of the Seven Days. Vilna: Widow and Brothers Rom Press, 1896 (на иврите).

Reines 1913 — Reines Y. Y. The Two Lights. Pieterkov: S. Belkhatovsky, 1913 (на иврите).

Reines 1926 — Reines Y. Y. The Book of Values. New York: R. Yitzhak Yaʻakov Reines Publication Society, 1926 (на иврите).

Reines 1946 — Reines Y. Y. A New Light on Zion. New York: Posy Shoulson, 1946 (на иврите).

Rosenberg 2004 — Rosenberg S. G. Broken Vessels: Torah and Religious-Zionism in a Postmodernist Environment. Efrat: Yeshivat Siah Yitzhak, 2004 (на иврите).

Rosenberg-Friedman, 2006 — From Faith to Action: On the Seventieth Anniversary of the Emunah Movement / ed. by L. Rosenberg-Friedman. Jerusalem: Emunah, 2006 (на иврите).

Shafat 1994 — Shafat G. Gush Emunim: The Story behind the Scenes. Beit El: Sifriat Beit El, 1994 (на иврите).

Shiloh 2001 — To Be a Jewish Woman — Proceedings of the First International Conference: Woman and her Judaism / ed. by M. Shiloh. Jerusalem: Urim, 2001.

Shiloh 2003 — To Be a Jewish Woman — Proceedings of the Second International Conference: Woman and her Judaism / ed. by M. Shiloh. Jerusalem: Urim, 2003.

Shragai 1926 — Shragai S. Z. The Renaissance of the Community and the Individual // Netivah. 1926. Vol. 2, № 10–12 (на иврите).

Shragai 1931 — Shragai S. Z. Our Way // Yalkut: Anthology on the Idea of Torah va-Avodah / ed. by N. Aminoah. Y. Bernstein. Jerusalem: Torah va-Avodah, 1931. P. 32–33.

Shragai 1957 — Shragai S. Z. Vision and Fulfillment. Jerusalem: Mosad Ha-Rav Kook, 1957 (на иврите).

Shragai 1959 — Shragai S. Z. Processes of Change and Redemption. Jerusalem: Mosad Ha-Rav Kook, 1959 (на иврите).

Shragai 1960 — Shragai S. Z. An Hour and an Eternity. Jerusalem: Mosad Ha-Rav Kook, 1960 (на иврите).

Soloveitchik 1979 — Soloveitchik J. Halakhic Man: Revealed and Concealed. Jerusalem: WZO, 1979 (на иврите).

Soloveitchik 1979 — Soloveitchik J. Reflections of the Rav / ed. by A. R. Besdin. Jerusalem: WZO, 1979.

Soloveitchik 1981 — Soloveitchik J. Mah Dodech mi-Dod [What is thy beloved more than another beloved] // Divrei Hagut ve-Ha'arakha. Jerusalem: WZO, 1981 (на иврите).

Soloveitchik 1983 — Soloveitchik J. Halakhic Man / transl. by L. Kaplan. Philadelphia: Jewish Publication Society, 1983.

Soloveitchik 1997 — Soloveitchik J. The Lonely Man of Faith. Northvale, NJ: Jason Aronson, 1997.

Soloveitchik 2000 — Soloveitchik J. Fate and Destiny: From the Holocaust to the State of Israel / transl. by L. Kaplan. Hoboken, NJ: Ktav, 2000.

Soloveitchik 2002 — Soloveitchik J. The Rav Speaks: Five Addresses on Israel, History, and the Jewish People / transl. by S. M. Lehrman, A. H. Rabinowitz. New York: Toras HoRav Foundation, 2002.

Tzurieli 2007 — Prophesy, O Son of Man: On the Possibility of Prophecy / ed. by O. Tzurieli. Jerusalem: Rubin Mass, 2007 (на иврите).

Unna 1955 — Unna M. In the Paths of Thought and Deed. Tel Aviv: Ha-Kibbutz Ha-Dati, 1955 (на иврите).

Unna 1971 — Unna M. Israel Among the Nations. Tel Aviv: Ha-Kibbutz Ha-Dati, 1971.

Unna 1983 — Unna M. In Separate Ways. Jerusalem and Alon Shevut: Yad Shapira, 1983 (на иврите).

Unna 1985 — Unna M. The New Community: Thoughts on the Doctrine of the Religious Kevutsah. Tel Aviv: Hakibbutz Hameuhad, 1985 (на иврите).

Unna 1985a — Unna M. Restoring Religious-Zionism: How? // Shragai. 1985. № 2. P. 244–248 (на иврите).

Uziel 1992 — Uziel B. Z. M. H. Hegyionei Uziel. Jerusalem: Ha-Vaʻad Le-Hotsaʾat Kitve Ha-Rav, 1992–1993 (на иврите).

Yekutieli 1927 — Yekutieli A. Y. Torah va-Avodah as a World View // Netivah. 1927. Vol. 2, № 9–10. P. 165–166 (на иврите).

Yekutieli 1928 — Yekutieli A. Y. The Essence of Judaism // Netivah. 1928. Vol. 3, № 10. P. 260–261 (на иврите).

Исследования

Alfasi 1982 — Alfasi Y. Hasidut and the Mizrahi Movement // Shragai. 1982. № 1. P. 51–65 (на иврите).

Alfasi 1985 — Torah va-Avodah-Vision and Action: The History of the Ha-Poʻel ha-Mizrachi Movement and the Story of Its Founders, 1922–1932 / ed. by Y. Alfasi. Tel Aviv: Histadrut Ha-Poʻel ha-Mizrachi, 1985 (на иврите).

Almog 1987 — Almog S. Zionism and History: The Rise of a New Jewish Consciousness / transl. by I. Freedman. New York: St. Martin's Press, 1987.

Angel 1999 — Angel M. D. Loving Truth and Peace: The Grand Religious Worldview of Rabbi Benzion Uziel. Northvale, NJ: Jason Aronson Inc., 1999.

Antman 1977 — Antman S. The [Mizrachi] Movement in Czechoslovakia // The Book of Religious-Zionism / ed. by Y. Raphael, S. Z. Shragai. Vol. 2. Jerusalem: Mosad Ha-Rav Kook, 1977. P. 391–398 (на иврите).

Aran 1986 — Aran G. From Religious-Zionism to Zionist Religion: The Roots of Gush Emunim // Studies in Contemporary Jewry. 1986. № 2. P. 116–143.

Aran 1990 — Aran G. Redemption as Catastrophe: The Gospel of Gush Emunim // Religious Radicalism and Politics in the Middle East / ed. by E. Sivan, M. Friedman. Albany, NY: SUNY Press, 1990. P. 157–175.

Aran 1991 — Aran G. Jewish Zionist Fundamentalism: The Bloc of the Faithful in Israel (Gush Emunim) // Fundamentalisms Observed / ed. by M. E. Marty, R. S. Appleby. Chicago: University of Chicago Press, 1991. P. 265–344.

Aran 1997 — Aran G. The Father, the Son, and the Holy Land: The Spiritual Authorities of Jewish-Zionist Fundamentalism in Israel // Spokesmen for the Despised: Fundamentalist Leaders of the Middle East / ed. by R. S. Appleby. Chicago: University of Chicago Press, 1997. P. 294–327.

Arigur 1962 — Arigur I. Ilan Ve-Nofo: The Biography of Rabbi Meir Bar-Ilan. Jerusalem: Mosad Ha-Rav Kook, 1962 (на иврите).

Avneri 1989a — Avneri Y. Degel Yerushalyim // Bi-Shvilei ha-Tehyiah. 1989. № 3. P. 39–58 (на иврите).

Avneri 1989b — Avneri Y. Rabbi Abraham Yitzhak Hacohen Kook as Chief Rabbi of Palestine: The Man and His Work / Ph. D. Dissertation, Bar-Ilan University, 1989.

Azrieli 1990 — Azrieli J. Dor Ha-Kipot Ha-Serugot: The Political Youth Revolution in the National Religious Party (Mafdal). Jerusalem: Avivim, 1990 (на иврите).

Azrieli 1990 — Azrieli J. The Knitted Skullcaps Generation: The Political Youth Revolution in the NRP. Jerusalem: Avivim, 1990 (на иврите).

Bar-Eli 2002 — Bar-Eli Z. The Dawn of His Light — R. Moshe Zvi Neriah: Early Days. Jerusalem, n. p., 2002 (на иврите).

Bar-Lev n. d. — Bar-Lev M. The Ideological Foundations of the Hasmonean Covenant // Religion and Resistance in Mandatory Palestine / ed. by H. Genizi. Tel Aviv: Moreshet, n. d. P. 155–183 (на иврите).

Bar-Lev 1979 — Bar-Lev M. Yeshiva High School Graduates in Israel: Between Tradition and Innovation / Ph. D. Dissertation: Bar-Ilan University, 1979.

Bar-Lev 1987 — Bar-Lev M. R. Ze'ev Jawitz as the Harbinger of Religious-National Education in the Land of Israel / Bi-Shvilei ha-Tehyiah. 1987. № 2. P. 91–110 (на иврите).

Bar-Lev, Cohen, Rosner 1987 — Bi-Meshokh Ha-Yovel — A Jubilee: Fifty Years of an Israeli Religious Youth Movement, Bnei Akiva, 1929–1979 / ed. by M. Bar-Lev, Y. Cohen, S. Rosner. Tel Aviv: Israel Bnei Akiva Publications, 1987 (на иврите).

Bat-Yehuda 1979 — Bat-Yehuda G. Rabbi Maimon and His Times. Jerusalem: Mosad Ha-Rav Kook, 1979 (на иврите).

Bat-Yehuda 1982 — Bat-Yehuda G. The Issue of «Culture» and the Mizrachi // Sefer Shragai / ed. by M. Eliav, Y. Raphael. Jerusalem: Mosad Ha-Rav Kook, 1982 (на иврите).

Bat-Yehuda 1985 — Bat-Yehuda G. Man of Lights: Rabbi Yitzhak Ya'akov Reines. Jerusalem: Mosad Ha-Rav Kook, 1985 (на иврите).

Bat-Yehuda 2001 — Bat-Yehuda G. Man of Reflections: Rabbi Moshe Avigdor Amiel. Jerusalem: Mosad Ha-Rav Kook, 2001 (на иврите).

Belfer 1991 — Belfer E. «Malkhut Shamayim» and the State of Israel. Ramat-Gan: Bar-Ilan University Press, 1991 (на иврите).

Ben-Artzi 1997 — Ben-Artzi H. «The Old Will be Renewed and the New Will be Sanctified»: A Critique of Religion and Ways for Its Renewal in the Early Writings of Rabbi A. I. Ha-Cohen Kook // Akdamot. 1997. № 3. P. 9–28 (на иврите).

Ben-Avram, Near 1995 — Ben-Avram B., Near H. Studies in the Third Aliyah (1919–1924): Image and Reality. Jerusalem: Yad Izhak Ben-Zvi, 1995 (на иврите).

Ben Shlomo 1984 — Ben Shlomo Y. Perfection and Perfectibility in Rabbi Kook's Theology // Between Theory and Practice / ed. by Y. Yovel, P. Mendes-Flohr. Jerusalem: Magnes Press, 1984. P. 289–309 (на иврите).

Ben Shlomo 1988 — Ben Shlomo Y. The Divine Ideals in Rabbi Kook's Teaching // Moshe Schwarcz Memorial Volume: Annual of Bar-Ilan University 22–23 / ed. by M. Hallamish. Ramat-Gan: Bar-Ilan University Press, 1988. P. 73–86 (на иврите).

Ben-Ya'akov 1978 — Ben-Ya'akov Y. Gush Etzion: Fifty Years of Struggle and Creativity. Jerusalem: Beit Sefer Sadeh Kefar Etzion-Ha-Kibbutz Ha-Dati, 1978 (на иврите).

Berger 1992 — Berger P. L. A Far Glory: The Quest for Faith in an Age of Credulity. New York and London: Anchor Books, 1992.

Berlowitz 1981 — Berlowitz Y. Ze'ev Jawitz's Literary Oeuvre in Light of his Historical Perspective // Cathedra. 1981. № 20. P. 16–182 (на иврите).

Bik 1982 — Bik A. Religion and Labor: A Left Wing in Religious-Zionism // Sefer Shragai / ed. by M. Eliav, Y. Raphael. Jerusalem: Mosad Ha-Rav Kook, 1982. P. 127–131.

Bin-Nun 1988 — Bin-Nun Y. The Hour of Reckoning Has Arrived // Nekudah. 1988. № 123. September (на иврите).

Blank 1993 — Blank N. Rescue in the Underground: Bnei Akiva in Hungary during the Holocaust. Ramat-Gan: Bar-Ilan University, 1993 (на иврите).

Blank, Genizi 1993 — Blank N., Genizi H. The Rescue Efforts of Bnei-Akiva in Hungary during the Holocaust // Yad-Vashem Studies. 1993. № 23. P. 123–150.

Boaz 2002 — Boaz H. The Story of the Struggle for Women's Suffrage in the Yishuv: The Status Quo and the Creation of Social Categories // Theoria u-Vikoret. 2002. № 21. P. 107–131 (на иврите).

Breuer 1989 — Breuer M. On the Concept of «Religious-Zionist» in Historiography and in Jewish Thought // Bi-Shvilei ha-Tehyiah. 1989. № 3. P. 11–24 (на иврите).

Cohen A. 1998 — Cohen A. The Prayer Shawl and the Flag. Jerusalem: Yad Izhak Ben Zvi, 1998 (на иврите).

Cohen A., Harel 2004 — Religious-Zionism: An Era of Changes — Studies in Memory of Zevulun Hammer / ed. by A. Cohen, I. Harel. Jerusalem: Bialik Institute, 2004 (на иврите).

Cohen A., Kampinsky 2006 — Cohen A., Kampinsky A. Religious Leadership in Israel's Religious-Zionism: The Case of the Board of Rabbis // Jewish Political Studies Review. 2006. № 18. P. 119–140.

Cohen T. 2006 — Cohen T. Jewish Women's Leadership: Israeli Modern Orthodoxy as a Test Case // Democratic Culture. 2006. Vol. 10. P. 251–296 (на иврите).

Cohen Y. 1995 — Cohen Y. Chapters in the History of the National Religious Movement. Tel Aviv: Moreshet, 1995 (на иврите).

Corinaldi 2002 — Corinaldi M. The Law of Return: The Confrontation between Religion and Nationality // Both Sides of the Bridge: Religion and State in the Early Years of Israel / ed. by M. Bar-On, Z. Zameret. Jerusalem: Yad Izhak Ben Zvi, 2002. P. 56–87 (на иврите).

Don-Yehiya 1960 — Don-Yehiya S. The Holy Rebellion: Shmuel Hayyim Landau. Tel Aviv: Moreshet, 1960 (на иврите).

Don-Yehiya 1961 — Don-Yehiya S. Admor Halutz: Yeshayahu Shapira. Tel Aviv: Moreshet, 1961 (на иврите).

Don-Yehiyah 1971 — Don-Yehiyah E. The Status-Quo Solution in the Area of Religion and State // Medina, Mimshal, ve-Yehasim Bein-Leumiyyim. 1971. № 1. P. 100–112 (на иврите).

Don-Yehiyah 1979 — Don-Yehiyah E. Stability and Change in a Political Party of Factions: The NRP and the Youth Revolution // Medinah, Mimshal Ve-Yehasim Benleumiyim. 1979. № 14. P. 25–52 (на иврите).

Don-Yehiyah 1982 — Don-Yehiyah E. Religion, Education, and Politics // Sefer Shragai / ed. by M. Eliav, Y. Raphael. Jerusalem: Mosad Ha-Rav Kook, 1982 (на иврите).

Don-Yehiyah 1983 — Don-Yehiyah E. Ideology and Policy in Religious-Zionism: R. Yitzhak Ya'akov Reines' Conception of Zionism and the Policy of the Mizrahi under His Leadership // Ha-Zionut. 1983. № 8. P. 103–146 (на иврите).

Don-Yehiyah 1985 — Don-Yehiyah E. Conceptions of Zionism in Orthodox Jewish Philosophy // Zionism. 1985. № 9. P. 55–93 (на иврите).

Don-Yehiyah 1987 — Don-Yehiyah E. Jewish Messianism, Religious-Zionism and Israeli Politics: The Impact and Origins of Gush Emunim // Middle Eastern Studies. 1987. № 23. P. 215–234.

Don-Yehiuah 1992 — Don-Yehiyah E. The Negation of Galut in Religious-Zionism // Modern Judaism. 1992. № 12. P. 129–155.

Don-Yehiyah 1993 — Don-Yehiyah E. Religion and Political Terrorism: The Attitudes of Palestinian Religious Jews towards Jewish Counter-Terrorist Activities in the Years 1936–1939 // Zionism. 1993. № 17. P. 155–190 (на иврите).

Don-Yehiyah 1994 — Don-Yehiyah E. The Book and the Sword: The Nationalist Yeshivot and Political Radicalism in Israel // Accounting for Fundamentalisms: The Dynamic Character of Movements / ed. by M. E. Marty, R. S. Appleby. Chicago: University of Chicago Press, 1994. P. 262–300.

Don-Yehiyah 1998a — Don-Yehiyah E. Religious Fundamentalism and Political Radicalism: The National Yeshivot in Israel // Independence-The First Fifty Years: Collected Essays / ed. by A. Shapira. Jerusalem: The Zalman Shazar Center for Jewish History, 1998. P. 431–470 (на иврите).

Don-Yehiyah 1998b — Don-Yehiyah E. Religious-Zionism and Issues of Immigration and Immigrant Absorption in the Yishuv Period // Ingathering of Exiles: Aliyah to the Land of Israel — Myth and Reality / ed. by D. Hacohen. Jerusalem: The Zalman Shazar Center for Jewish History, 1998. P. 96–101 (на иврите).

Don-Yehiyah 2001 — Don-Yehiyah E. Political Leadership in Religious-Zionism: Rabbi Judah Leib Maimon, Leader of the Mizrachi // Studies in Religious-Zionism and Jewish Law in Honor of Dr. Zerah Warhaftig / ed. by E. Don-Yehiyah, E. Belfer, M. Hallamish. Ramat-Gan: Bar-Ilan, 2001. P. 123–160 (на иврите).

Don-Yehiyah, Belfer, Hallamish 2001 — Studies in Religious-Zionism and Jewish Law in Honour of Dr. Zerah Warhaftig / ed. by E. Don-Yehiyah, E. Belfer, M. Hallamish. Ramat-Gan: Bar-Ilan, 2001 (на иврите).

Don-Yehiyah 2002 — Don-Yehiyah E. Religion, National Identity, and Politics: The Crisis over «Who Is a Jew», 1958 // Both Sides of the Bridge: Religion and State in the Early Years of Israel / ed. by M. Bar-On, Z. Zameret. Jerusalem: Yad Izhak Ben Zvi, 2002. P. 88–143 (на иврите).

Don-Yehiyah 2004 — Don-Yehiyah E. Leadership and Policy in Religious-Zionism: Hayyim Moshe Shapira, the NRP, and the Six-Day War // Religious-Zionism — An Era of Changes: Studies in Memory of Zevulun Hammer / ed. by A. Cohen, I. Harel. Jerusalem: Bialik Institute, 2004. P. 170–135 (на иврите).

Dotan 1979 — Dotan S. The Partition of Eretz-Israel in the Mandatory Period: The Jewish Controversy. Jerusalem: Yad Izhak Ben-Zvi, 1979 (на иврите).

Eisenstadt 1978 — Eisenstadt S. N. Revolution and the Transformation of Societies. New York: Free Press, 1978.

Elam 2000 — Elam Y. Judaism as a Status Quo: The Who is a Jew Controversy in 1958. Tel Aviv: Am Oved, 2000.

Eldar, Zertal 2007 — Eldar A., Zertal E. Lords of the Land: The War Over Israel's Settlements in the Occupied Territories, 1967–2007 / transl. by V. Eden. New York: Nation Books, 2007.

Eliash S. 1983 — Eliash S. The «Rescue» Policy of the Chief Rabbinate of Palestine before and during World War II // Modern Judaism. 1983. № 3. P. 291–308.

Eliav 1980a — Eliav M. The Mission of the Rabbis to the Galilean Colonies in 1914 // Studies in the History of Jewish Society in the Middle Ages and in the Modern Period Presented to Professor Jacob Katz / ed. by I. Etkes, Y. Salmon. Jerusalem: Magnes Press, 1980. P. 379–396 (на иврите).

Eliav 1980b — Eliav M. The Rabbis' Journey to the Galilean Colonies in 1914 // Studies in the History of Jewish Society in the Middle Ages and in the Modern Period Presented to Professor Jacob Katz / ed. by I. Etkes, Y. Salmon. Jerusalem: Magnes, 1980. P. 379–396 (на иврите).

Elihai 1996 — Elihai Y. The Religious-Zionist Movement and the Arab Problem in Eretz Israel until the Foundation of the State of Israel // Ha-Umah. 1996. № 124. P. 406–417 (на иврите).

Eloni 1991 — Eloni Y. Zionism in Germany. Tel Aviv: Mif 'alim Universita'iyim le-Hotza'ah le-Or, 1991 (на иврите).

El-Or 2002 — El-Or T. Next Year I Will Know More: Literacy and Identity among Young Orthodox Women in Israel / transl. by H. Watzman. Detroit, MI: Wayne State University Press, 2002.

Eshkoli-Wagman 1997a — Eshkoli-Wagman H. Religious-Zionism Faces the Holocaust: The Activities of Ha-Brit Ha-Olamit Torah va-Avodah // Cathedra. 1995. № 76. P. 147–172 (на иврите).

Eshkoli-Wagman 1997b — Eshkoli-Wagman H. Religious-Zionist Responses in Mandatory Palestine to the Warsaw Ghetto Uprising // Holocaust and Genocide Studies. 1997. Vol. 1, № 2. P. 213–238.

Eshkoli-Wagman 2003 — Eshkoli-Wagman H. Destruction Becomes Creation: The Theological Reaction of National Religious-Zionism in Palestine to the Holocaust // Holocaust and Genocide Studies. 2003. № 17. P. 430–458.

Eshkoli-Wagman 2004 — Eshkoli-Wagman H. Between Rescue and Redemption: Religious-Zionism in Eretz-Israel Confronts the Holocaust. Jerusalem: Yad Vashem, 2004 (на иврите).

Feingold 1995 — Feingold H. L. Bearing Witness: How America and Its Jews Responded to the Holocaust. Syracuse, NY: Syracuse University Press, 1995.

Fischerman 1998 — Fischerman S. The «Formerly Religious». Elkana: Orot Israel, 1998 (на иврите).

Fishman 1979 — Fishman A. Ha-Po'el ha-Mizrachi (1921–1935): Documents. Tel Aviv: Tel Aviv University, 1979 (на иврите).

Fishman 1983 — Fishman A. Tradition and Change in the Reality of Religious-Zionism // Bi-Shvilei Ha-Tehyiah. 1983. № 1. P. 127–147 (на иврите).

Fishman 1987 — Fishman A. Two Religious Ethos in the Development of the Idea of Torah va-Avodah // Bi-Shvilei ha-Tehyiah. 1987. № 2. P. 133–140 (на иврите).

Fishman 2004 — Fishman A. Judaism and Modernization on the Religious Kibbutz. Cambridge: Cambridge University Press, 1992.

Frank 1992 — Autonomy and Judaism / ed. by D. H. Frank. Albany, NY: SUNY Press, 1992.

Friedman 1972 — Friedman M. The Chief Rabbinate: An Unsolvable Dilemma // Medina U-Mimshal. 1972. № 3. P. 118–128 (на иврите).

Friedman 1977 — Friedman M. Society and Religion: The Non-Zionist Orthodox in Eretz Israel, 1918–1936. Jerusalem: Yad Itzhak Ben Zvi, 1977 (на иврите).

Friedman 1985 — Friedman M. The Public and Political Response of American Jewry to the Holocaust 1939–1945 / Ph. D. dissertation: Tel Aviv University, 1985 (на иврите).

Friedman 1990 — Friedman M. The Chronicle of the Status-Quo: Religion and State in Israel // Transition from «Yishuv» to State, 1947–1949: Continuity and Change / ed. by V. Pilowsky. Haifa: University of Haifa, 1990. P. 47–80 (на иврите).

Friesel 1970 — Friesel E. The Zionist Movement in the United States, 1897–1914. Tel Aviv: Tel Aviv University and Hakibbutz Hameuchad, 1970 (на иврите).

Fund 1999 — Fund Y. Separation or Participation: Agudat Israel Confronting Zionism and the State of Israel. Jerusalem: Magnes Press, 1999 (на иврите).

Galnoor 1995 — Galnoor I. The Partition of Palestine: Decision Crossroads in the Zionist Movement. Albany, NY: SUNY Press, 1995.

Garb 2004 — Garb J. The Youth of the NRP and the Ideological Roots of Gush Emunim // Religious-Zionism — An Era of Changes: Studies in Memory of Zevulun Hammer / ed. by A. Cohen, I. Harel. Jerusalem: Bialik Institute, 2004. P. 171–200 (на иврите).

Garb 2009 — Garb J. The Chosen Will Become Herds: Studies in Twentieth Century Kabbalah / transl. by Y. Berkovits-Murciano. New Haven: Yale University Press, 2009.

Geller 1998 — Geller Y. The Beginnings of the Mizrachi in Old Romania // Sinai. 1998. № 121. P. 118–122 (на иврите).

Genizi 2003 — Genizi H. The Relationship between the «Mizrachi» and the Revisionist Movement 1925–1939 // A Hundred Years of Religious-Zionism / ed. by A. Sagi, D. Schwartz. Vol. 2. Ramat-Gan: Bar-Ilan, 2003. P. 41–54 (на иврите).

Glasner 1961 — Glasner M. S. Zionism in the Light of Faith // Torah and Kingdom: The State in Judaism / ed. by S. Federbusch. Jerusalem: Mosad Ha-Rav Kook, 1961.

Goldman 1983 — Goldman E. Secular Zionism: The Vocation of Israel and the Telos of the Torah // Daat. 1983. № 11. P. 103–106 (на иврите).

Goldman 1988 — Goldman E. The Structuring of Rabbi Kook's Thought (1906–1909) // Moshe Schwarcz Memorial Volume: Annual of Bar-Ilan University 22–23 / ed. by M. Hallamish. Ramat-Gan: Bar-Ilan University Press, 1988. P. 87–102 (на иврите).

Goldman 1995 — Goldman E. Zionism as a Religious Challenge in the Thought of Yeshayahu Leibowitz // Yeshayahu Leibowitz: His World and Philosophy / ed. by A. Sagi. Jerusalem: Keter, 1995. P. 179–186 (на иврите).

Gorni 2001 — Gorni J. Moshe Unna: A Compromising Idealist // Studies in Religious-Zionism and Jewish Law in Honor of Dr. Zerah Warhaftig / ed. by E. Don-Yehiya, E. Belfer, M. Hallamish. Ramat-Gan: Bar-Ilan, 2001. P. 233–250.

Greenberg 1998 — Greenberg G. Ha'GRA's Apocalyptic Expectations and 1947 Religious Responses to the Holocaust: Harlap and Tsimerman // The Gaon of Vilnius and the Annals of Jewish Culture: Materials of the International Scientific Conference, Vilnius, September 10–12, 1997 / compiled by I. Lempertas. Vilnius: Vilnius University, 1998. P. 231–238.

Gross 2006 — Gross Z. The Mute Feminist Psychological Template of Girl Graduates of Religious-Zionist High Schools in Israel // Democratic Culture. 2006. № 10. P. 97–133 (на иврите).

Hacohen 1988 — Hacohen D. The «Law of Return» as an Embodiment of the Link between Israel and the Jews of the Diaspora // The Journal of Israeli History. 1988. № 19. P. 61–89.

Halbertal 2007 — Halbertal M. Concealment and Revelation: Esotericism in Jewish Thought and its Philosophical Implications. Princeton, NJ: Princeton University Press, 2007.

Halperin 1961 — Halperin S. The Political World of American Zionism. Detroit: Wayne State University Press, 1961.

Hamiel 1986 — In His Light: Studies on the Doctrine of Rav Abraham Hacohen Kook / ed. by H. Hamiel. Jerusalem: WZO, 1986 (на иврите).

Harari 2005 — Harari Y. Mysticism as a Messianic Rhetoric in the Works of R. Yitzhak Ginzburg / Ph. D. dissertation: Tel Aviv University, 2005 (на иврите).

Har-Noi 1995 — Har-Noi M. The Settlers. Or Yehudah: Sifriat Ma'ariv, 1995 (на иврите).

Hellinger 2003 — Hellinger M. The Individual and Society, Nation, and Humanity: A Comparative Study of the Socio-Political Philosophies of Rabbi M. Avigdor Amiel and Rabbi Ben Zion Meir Hai Uziel // A Hundred Years of Religious-Zionism. Vol. 1 / ed. by A. Sagi, D. Schwartz. Ramat-Gan: Bar-Ilan, 2003 (на иврите).

Hellinger 2008 — Hellinger M. The Tension Between Universal and Particular Orientations within Religious-Zionism and its Consequences: The «Torah and Labor» Movement as a Test Case // Review of Rabbinic Judaism. 2008. № 11. P. 139–166.

Huberman 2008 — Huberman H. Against All Odds. Sifriat Nezarim, 2008 (на иврите).

Inbari 2009 — Inbari M. Who Will Build the Third Temple: Jewish Fundamentalism and the Temple Mount. Albany, NY: SUNY Press, 2009.

Ish-Shalom, Rosenberg 1991 — The World of Rav Kook's Thought / ed. by B. Ish-Shalom, S. Rosenberg; transl. by S. Carmy, B. Casper. New York: Avi Chai, 1991.

Ish-Shalom 1993 — Ish-Shalom B. Rav Avraham Yitzhak Ha-Cohen Kook: Between Rationalism and Mysticism / transl. by O. W. Elper. Albany, NY: SUNY Press, 1993.

Israeli 1953–1954 — Preface to vols. 5–6 // The Torah and the State (in Hebrew) / ed. by S. Israeli. Tel Aviv: Ha-Po'el ha-Mizrachi, 1953–1954 (на иврите).

Kadari 1995 — Zekher Mordekhai: Chapters in the History of Religious-Zionism / ed. by M. Z. Kadari. Tel Aviv: Moreshet, 1995.

Kadari 2003 — Kadari M. Z. The Ideology of the Bnei Akiva Youth Movement in Hungary against the Background of the Main Events of its History // A Hundred Years of Religious-Zionism. Vol. 2 / ed. by A. Sagi, D. Schwartz. Ramat-Gan: Bar-Ilan, 2003.

Kaniel 1981 — Kaniel Y. Continuity and Change: Old Yishuv and New Yishuv during the First and Second Aliyah. Jerusalem: Yad Izhak Ben-Zvi, 1981 (на иврите).

Kaniel 2004 — Kaniel S. The Hilltop Youth: Biblical Sabras? An Exploratory Study of the Residents on the Hills of Judea and Samaria // Religious-Zionism — The Era of Change: Studies in Memory of Zevulun Hammer / ed. by A. Cohen, I. Harel. Jerusalem: Bialik Institute, 2004. P. 533–558 (на иврите).

Kaplan 1984–1985 — Kaplan L. Models of the Ideal Religious Man in R. Soloveitchik's Thought // Jerusalem Studies in Jewish Thought. 1984–1985. № 4. P. 327–339 (на иврите).

Kaplan, Shatz 1995 — Rabbi Abraham Isaac Kook and Jewish Spirituality / ed. by L. J. Kaplan, D. Shatz. New York: New York University Press, 1995.

Katz S., Warhaftig 2002 — The Chief Rabbinate of Eretz Israel after Seventy Years / ed. by S. Katz, I. Warhaftig. 3 vols. Jerusalem: Heikhal Shlomo, 2002 (на иврите).

Katz Y. 1999 — Katz Y. The Religious Kibbutz Movement in the Land of Israel / transl. by J. Shadur. Jerusalem: Magnes Press, 1999.

Katz Y. 2005 — Katz Y. The Battle for the Land. Jerusalem: Magnes Press, 2005 (на иврите).

Katzburg 1957 — Katzburg N. Nahalat Emunim: Religious Settlement in Eretz Israel. Jerusalem: WZO, 1957 (на иврите).

Katzburg 1971 — Katzburg N. Chapters in the History of Zionism and the Mizrahi under the Leadership of Rabbi Bar-Ilan // From Volozhin to Jerusalem / ed. by M. Bar-Ilan. Tel Aviv: Hava'adah le-Hotza'at Kitvei Ha-Rav Bar-Ilan, 1971. Vol. 1. P. 18–55 (на иврите).

Katzburg 1976 — Letters: Rabbi Meir Bar-Ilan (Berlin) / ed. by N. Katzburg. Vol. 1, 1903–1928. Ramat-Gan: Bar-Ilan University Press, 1976 (на иврите).

Katzburg 1981 — Katzburg N. Two Documents on the History of the Mizrachi // Areshet: An Annual of Hebrew Booklore. 1981. Vol. 6. P. 201–205 (на иврите).

Katzburg 1984 — Pedut: Rescue in the Holocaust / ed. by N. Katzburg. Ramat-Gan: Bar-Ilan University, 1984 (на иврите).

Kirsch 2004 — Kirsch Y. The Status of Women in Religious-Zionist Society: Struggles and Attainments // Religious-Zionism-The Era of Change: Studies in Memory of Zevulun Hammer / ed. by A. Cohen, I. Harel. Jerusalem: Bialik Institute, 2004. P. 386–421 (на иврите).

Klausner 1960 — Klausner I. Opposition to Herzl. Jerusalem: Ahiever, 1960 (на иврите).

Klein 1997 — Klein M. Bar-Ilan University: Between Religion and Politics. Jerusalem: Magnes Press, 1997 (на иврите).

Knohl 1975 — Knohl D. Siege in the Hills of Hebron; The Battle of the Etzion Bloc / transl. by I. Halevy-Levin. Jerusalem: Kfar Etzion Educational Center, 1975.

Knoller 1993 — Knoller R. The Activities of Religious-Zionist Youth Groups in Europe during the Holocaust, 1939–1945: A Summarized Review of Limited Archive Sources. Ramat-Gan: Bar-Ilan University, 1993.

Kolatt 1998 — Kolatt I. Religion, Society and State during the Period of National Home // Zionism and Religion / ed. by S. Almog, J. Reinharz,

A. Shapira. Hanover: Brandeis University Press in association with Zalman Shazar Center for Jewish History, 1998. P. 273–301.

Lichtenstein 1963 — Lichtenstein A. R. Joseph Soloveitchik // Great Jewish Thinkers of the Twentieth Century / ed. by S. Noveck. Washington: B'nai B'rith, 1963. P. 281–297.

Lichtenstein 1981 — Lichtenstein A. The Ideology of Hesder // Tradition. 1981. № 19. P. 199–217.

Liebman 2000 — Liebman C. S. Changing Jewish Identity in Israel and the United States // Israel: Culture, Religion, and Society / ed. by S. A. Cohen, M. Shain. Cape Town: Kaplan Center at the University of Cape Town, 2000. P. 23–37.

Luz 1982 — Luz E. The Dialectic Element in R. Soloveitchik's Works // Daat. 1982. № 9. P. 75–89 (на иврите).

Luz 1988 — Luz E. Parallels Meet: Religion and Nationalism in the Early Zionist Movement / transl. by L. J. Schramm. Philadelphia: Jewish Publication Society, 1988.

Luz 2003 — Luz E. Wrestling with an Angel: Power, Morality and Jewish Identity / transl. by M. Swirsky. New Haven: Yale University Press, 2003.

Michael 1993 — Michael R. Jewish Historiography from the Renaissance to Modern Times. Jerusalem: Bialik Institute, 1993 (на иврите).

Michman 1995 — Michman D. The Zionist Youth Movements in The Netherlands and Belgium // Zionist Youth Movements During the Holocaust / ed. by A. Cohen, Y. Cochavim. New York: Peter Lang, 1995. P. 145–171.

Michman 1996 — Michman D. The Impact of the Holocaust on Religious Jewry // Major Changes Within the Jewish People in the Wake of the Holocaust / ed. by I. Gutman. Jerusalem: Yad Vashem, 1996. P. 659–707.

Michman 2001 — Michman D. The Spirit of the Mizrachi and the Amsterdam Rabbinic and Religious Teachers' Seminary // Studies in Religious-Zionism and Jewish Law in Honour of Dr. Zerah Warhaftig / ed. by E. Don-Yehiya, E. Belfer, M. Hallamish. Ramat-Gan: Bar-Ilan, 2001. P. 41–58 (на иврите).

Michman 2003 — Michman D. Holocaust Historiography — A Jewish Perspective: Conceptualizations, Terminology, Approaches, and Fundamental Issues / transl. by N. Greenwood. London: Vallentine Mitchell, 2003.

Morgenstern 1973 — Morgenstern A. The Chief Rabbinate of Eretz Israel. Jerusalem: Shorashim, 1973 (на иврите).

Nehorai 1990 — Nehorai M. Remarks on the Rabbinic Rulings of Rabbi Kook // Tarbiz. 1990. № 59. P. 481–505 (на иврите).

Nehorai 1991 — Nehorai M. Z. Rav Reines and Rav Kook: Two Views of Zionis// The World of Rav Kook's Thought / ed. by B. Ish-Shalom, I. Rosenberg; transl. by S. Carmy, B. Casper. New York: Avi Chai, 1991. P. 255–267.

Newman 1985 — The Impact of Gush Emunim: Politics and Settlement in the West Bank / ed. by D. Newman. London: Croom Helm, 1985.

Patashnik 1950 — Patashnik A. The [Mizrahi] Movement between Two World Wars // The Vision of Torah and Zion / ed. by S. Federbusch. Jerusalem: Mosad Ha-Rav Kook, 1950. P. 201–246 (на иврите).

Peles 1977 — Peles H. The Struggle of Ha-Po'el Ha-Mizrachi for the Right of Settlement // The Book of Religious-Zionism. Vol. 2 / ed. by Y. Raphael, S. Z. Shragai. Jerusalem: Mosad Ha-Rav Kook, 1977. P. 58–149 (на иврите).

Peles 1993 — Peles H. The Struggles of Ha-Po'el Ha-Mizrahi for Settlement in the Land of Israel between the Two World Wars // Shragai. 1993. № 4. P. 73–81 (на иврите).

Penkower 1996 — Penkover M. N. A Lost Opportunity: Pre-World War II Efforts towards Mizrachi-Agudas Israel Cooperation // The Journal of Israeli History. 1996. № 17. P. 221–246.

Porat 1990 — Porat D. The Blue and the Yellow Stars of David: The Zionist Leadership and the Holocaust, 1939–1945. Cambridge, MA: Harvard University Press, 1990.

Ra'anan 1980 — Ra'anan Z. Gush Emunim. Tel Aviv: Sifriyat Poalim, 1980 (на иврите).

Raphael I. 1966 — Hara'ayah / ed. by I. Raphael. Jerusalem: Mosad Ha-Rav Kook, 1966 (на иврите).

Raphael I. 1986 — Sefer Zikhron Hara'ayah / ed. by I. Raphael. Jerusalem: Mosad Ha-Rav Kook, 1986 (на иврите).

Raphael Y. 1958–2001 — Encyclopedia of Religious-Zionism / ed. by Y. Raphael. 5 vols. Jerusalem: Mosad Ha-Rav Kook, 1958–2001.

Raphael Y. 1960 — Raphael Y. Bibliographic Guide to Religious-Zionist Literature. Jerusalem: Moriah, 1960 (на иврите).

Ratzabi 1980 — Ratzabi S. The Rishon le-Zion, Rabbi Ben Zion Meir Hai Uziel: Zionism and Law // Zionism. 1980. № 21. P. 77–98 (на иврите).

Ravitzky 1986 — Ravitzky A. Rabbi J. B. Soloveitchik on Human Knowledge: Between Maimonides and neo-Kantian Philosophy // Modern Judaism. 1986. № 6. P. 157–188.

Ravitzky 1996 — Ravitzky A. Messianism, Zionism, and Jewish Religious Radicalism / transl. by M. Swirsky, J. Chipman. Chicago: University of Chicago Press, 1996.

Rosenak 2003 — Rosenak A. Zionism as an Apolitical, Spiritual Revolution in Rabbi Moshe Avigdor Amiel's Thought // A Hundred Years of Religious-Zionism. Vol. 1 / ed. by A. Sagi, D. Schwartz. Ramat-Gan: Bar-Ilan, 2003 (на иврите).

Rosenak 2006 — Rosenak A. Rabbi A. I. Kook. Jerusalem: The Zalman Shazar Center for Jewish History, 2006 (на иврите).

Rosenak 2007 — Rosenak A. The Prophetic Halakhah: Rabbi A. I. H. Kook's Philosophy of the Halakhah. Jerusalem: Magnes Press, 2007 (на иврите).

Rosenberg 1979 — Rosenberg S. A Renewed Controversy: Judaism and Zionism // Kivunnim. 1979. № 1. P. 7–13 (на иврите).

Rosenblueth 1983 — Rosenblueth P. Rav Nehemiah Nobel: His Personality and Thought // Bi-Shvilei ha-Tehyiah. 1983. № 1. P. 9–31 (на иврите).

Ross 1982 — Ross T. Rav Kook's Concept of God // Daat. 1982. № 8. P. 109–128 (на иврите).

Ross 2004 — Ross T. Expanding the Palace of Torah: Orthodoxy and Feminism. Hanover, MA: Brandeis University Press, 2004.

Rotenstreich 1979 — Rotenstreich N. Contemporary Studies in Jewish Thought. Tel Aviv: Am Oved, 1978 (на иврите).

Rubinstein A. 1981 — Rubinstein A. A Movement in a Period of Transition: A Chapter in the History of the Mizrahi in Poland. Ramat-Gan: Bar-Ilan University Press, 1981 (на иврите).

Rubinstein A. 1982 — Rubinstein A. Messianic Portents and Messianic Pangs in R. Yitzhak Nissenbaum's Teachings // Shragai. 1982. № 1. P. 118–126 (на иврите).

Rubinstein A. 1983 — Rubinstein A. A Profile of R. Yitzhak Nissenbaum // Bi-Shvilei ha-Tehyiah. 1983. № 1. P. 33–57 (на иврите).

Rubinstein D. 1982 — Rubinstein D. On the Lord's Side: Gush Emunim. Tel Aviv: Hakibbutz Hameuchad, 1982 (на иврите).

Sagi 2003 — Sagi A. A Challenge: Returning to Tradition. Tel Aviv: Hakibbutz Hameuhad, 2003 (на иврите).

Safrai, Sagi 1997 — Between Authority and Autonomy / ed. by Z. Safrai, A. Sagi. Tel Aviv: Ha-Kibbutz Ha-Meuhad, 1997 (на иврите).

Salmon 1974 — Salmon Y. The Yeshiva of Lida: A Unique Institution of Higher Learning // YIVO. 1974. № 15. P. 106–125.

Salmon 1995 — Salmon Y. Harbingers of Zionism and Harbingers of Ultra-Orthodoxy // Cathedra. 1995. № 73. P. 106–111 (на иврите).

Salmon 1996 — Salmon Y. The Mizrachi Movement in America: A Belated but Sturdy Offshoot // American Jewish Archives. 1996. № 48. P. 161–175.

Salmon 2001 — Salmon Y. Religion and Zionism: First Encounters. Jerusalem: Magnes Press, 2001.

Schwartz 1997a — Schwartz D. Messianism in Medieval Jewish Thought. Ramat-Gan: Bar-Ilan University Press, 1997 (на иврите).

Schwartz 1997b — Schwartz D. The Land of Israel in Religious-Zionist Thought. Tel Aviv: Am Oved, 1997 (на иврите).

Schwartz 1999 — Schwartz D. Religious-Zionism Between Logic and Messianism. Tel Aviv: Am Oved, 1999 (на иврите).

Schwartz 2001 — Schwartz D. Challenge and Crisis in Rabbi Kook's Circle. Tel Aviv: Am Oved, 2001 (на иврите).

Schwartz 2002a — Schwartz D. Contradiction and Concealment in Medieval Jewish Thought. Ramat-Gan: Bar-Ilan, 2002 (на иврите).

Schwartz 2002b — Schwartz D. Faith at the Crossroads: A Theological Profile of Religious-Zionism / transl. by B. Stein. Leiden; Boston: E. J. Brill, 2002.

Schwartz 2004 — Schwartz D. Remarks on the Discovery of the Material Land in Zionist Thought // The Land of Israel in Twentieth-Century Jewish Thought / ed. by A. Ravitzky. Jerusalem: Yad Izhak Ben-Zvi, 2004. P. 257–272 (на иврите).

Schwartz, Baumel 2005 — Schwartz D., Baumel J. T. Reflections on the Study of Women Status and Identity in the Religious-Zionist Movement // The Review of Rabbinic Judaism. 2005. № 8. P. 189–209.

Schwartz 2006 — Bar-Ilan University: From Concept to Enterprise / ed. by D. Schwartz. 2 vols. Ramat-Gan: Bar-Ilan University Press, 2006 (на иврите).

Schwartz 2007 — Schwartz D. Religion or Halakhah? The Philosophy of Rabbi J. B. Soloveitchik / transl. by B. Stein. Leiden; Boston: E. J. Brill, 2007.

Schweid 1970 — Schweid E. The World of A. D. Gordon. Tel Aviv: Am Oved, 1970 (на иврите).

Schweid 1977 — Schweid E. A History of Jewish Thought in Modern Times. Jerusalem: Hakibbutz Hameuhad, 1977 (на иврите).

Schweid 1978 — Schweid E. Democracy and Halakhah: Studies in the Thought of Rabbi Hayyim Hirschensohn. Jerusalem: Magnes Press, 1978 (на иврите).

Schweid 1979 — Schweid E. Homeland and a Land of Promise. Tel Aviv: Am Oved, 1979 (на иврите).

Schweid 1986 — Schweid E. The Beginnings of a Zionist-National Theology: The Philosophy of R. Yitzhak Ya'akov Reines // Studies in Jewish Mysticism, Philosophy and Ethical Literature Presented to Isaiah Tishby on His Seventy-Fifth Birthday / ed. by J. Dan, J. Hacker. Jerusalem: Magnes Press, 1986. P. 689–720 (на иврите).

Schweid 1988 — Schweid E. «Theological Nationalism» in Zionism // Moshe Schwarcz Memorial Volume: Annual of Bar-Ilan University 22–23 / ed. by M. Hallamish. Ramat-Gan: Bar-Ilan University Press, 1988 (на иврите).

Schweid 1990 — Schweid E. A History of Jewish Thought in the Twentieth Century. Tel Aviv: Dvir, 1990 (на иврите).

Schweid 1992 — Schweid E. Prophetic Mysticism in Twentieth Century Jewish Thought // Daat. 1992. № 29. P. 83–106 (на иврите).

Shabtai 1980 — Shabtai D. Minister Moshe Hayyim Shapira: Profile a Religious Politician. Tel Aviv: Yad Shapira, 1980 (на иврите).

Shapira A. 1996 — Shapira A. The Kabbalistic and Hasidic Sources of A. D. Gordon's Thought. Tel Aviv: Am Oved, 1996 (на иврите).

Shapira A. 1997 — Shapira A. New Jews, Old Jews. Tel Aviv: Am Oved, 1997 (на иврите).

Shapira I. 1970 — Shapira I. R. Nissenbaum: His Life and Works. Jerusalem: Religious Department of the Jewish National Fund, 1970 (на иврите).

Shapira Y. 1997 — Shapira Y. Philosophy, Halakha and Zionism Tel Aviv: Ha-Kibbuz Ha-Meuhad, 2002 (на иврите).

Shatzberger 1985 — Shatzberger H. Resistance and Tradition in Mandatory Palestine. Ramat-Gan: Bar-Ilan University Press, 1985 (на иврите).

Shifman 1932 — Shifman P. Rabbi Ze'ev Jawitz // Ha-Hed. 1932. Vol. 8, № 5. P. 20–22 (на иврите).

Sheleg 2000 — Sheleg Y. The New Religious Jews: Recent Developments among Observant Jews in Israel. Jerusalem: Keter, 2000 (на иврите).

Shochetman 1995 — Shochetman E. And He Confirmed it unto Jacob as a Statute [Psalms 105: 10]. Jerusalem: Kol Mevasser, 1995 (на иврите).

Spinzak 1991 — Sprinzak E. The Ascendance of Israel's Radical Right. New York: Oxford University Press, 1991.

Tchursh 1945 — Tchursh K. F. Rav Amiel's Doctrine in Philosophy and in Judaism. Tel Aviv: Shraga Weinfeld, 1945 (на иврите).

Tsur 1990 — Tsur Y. Zionism and Orthodoxy in Germany // Zionism and its Jewish Opponents / ed. by H. Avni, G. Shimoni. Jerusalem: WZO, 1990. P. 75–85.

Tsur 1999 — Tsur Y. Rabbi Dr. Jacob Hoffman: The Man and His Era. Ramat-Gan: Bar-Ilan University Press, 1999 (на иврите).

Unterman et al. 1954 — Ha-Sar Rabbi David Zvi Pinkas z'l / ed. by I. J. Unterman et al. Tel Aviv: National Mizrachi Center in Israel, 1954 (на иврите).

Vilian 2003 — Vilian Y. The Chief Rabbinate and the Municipal Rabbinates: Early Development // A Hundred Years of Religious-Zionism / ed. by A. Sagi, D. Schwartz. Vol. 2. Ramat-Gan: Bar-Ilan, 2003. P. 71–82.

Vital 1975 — Vital D. The Origin of Zionism. Oxford: Clarendon Press, 1975.

Vital 1982 — Vital D. Zionism: The Formative Years. Oxford: Clarendon Press, 1982.

Vital 1987 — Vital D. Zionism: The Crucial Phase. Oxford: Clarendon Press, 1987.

Warhaftig 1988 — Warhaftig I. Rabbinic Positions in the Controversy on the Partition of Palestine (1937) // Tehumin. 1988. № 9. P. 269–298 (на иврите).

Weinstein 2001 — Religious-Zionism on the Margins of Eretz Israel: The Torah va-Avodah Movement in the Cyprus Detention Camps / ed. by M. Weinstein. Nir Galim: Beth Ha-Edut, 2001 (на иврите).

Wiener Cohen 1975 — Wiener Cohen N. American Jews and the Zionist Idea. New York: Ktav, 1975.

Yaron 1991 — Yaron Z. The Philosophy of Rabbi Kook / transl. by A. Tomaschoff. Jerusalem: WZO, 1991.

Yerushalmi 1953 — Yerushalmi N. The Beginnings of the Mizrachi in England // Mizpeh (Hazofeh Yearbook for 1953). P. 491–496.

Zehavi 1966 — Zehavi Z. A History of Zionism in Hungary: From the Hatam Sofer to Herzl. Jerusalem: WZO, 1966 (на иврите).

Zohar 1996 — Zohar Z. Traditional Flexibility and Modern Strictness: Two Halakhic Positions on Women's Suffrage // Sephardi and Middle Eastern Jewries: History and Culture / ed. by H. Goldberg. Bloomington, ID: Indiana University Press, 1996. P. 119–133.

Zohar 2001 — Zohar Z. The Luminous Face of the East: Studies in the Legal and Religious Thought of Sephardi Rabbis of the Middle East. Tel Aviv: Hakibbutz Hameuhad, 2001 (на иврите).

Zuroff 1984 — Zuroff E. Rescue via the Far East: The Attempts to Save Polish Rabbis and Yeshiva Students, 1939–1941 // Simon Wiesenthal Center Annual. 1984. № 1984. P. 153–184.

Zuroff 1988 — Zuroff E. Rescue Priority and Fund Raising as Issues during the Holocaust: A Case Study of the Relations between the Vaad Ha-Hatzala and the Joint, 1939–1941 // American Jewish History. Vol. 7: America, American Jews, and the Holocaust / ed. by J. S. Gurock. New York: Routledge, 1988. P. 405–426.

Zuroff 2000 — Zuroff E. The Response of Orthodox Jewry in The United States to the Holocaust: The Activities of the Vaad ha-Hatzala Rescue Committee, 1939–1945. New York: Yeshiva University Press, 2000.

Ben Zion 2003 — Ben Zion M. H. Y. // A Hundred Years of Religious-Zionism. Vol. 1 / ed. by A. Sagi, D. Schwartz. Ramat-Gan: Bar-Ilan, 2003 (на иврите).

Указатель персоналий, партий, организаций и периодических изданий

Персоналии:

Абрамович, Дов-Бер 145
Авери-Пек, Алан 6
Авиад (Вольфсберг), Иешаяху 8, 13, 75
Авинер, Шломо 12, 161
Авраам 5
Адманит, Цуриэль 16, 93
Алон, Игаль 137, Alon, Yigal 99
Альбо, Йосеф 33
Амиэль, Моше Авигдор 28, 78–81, 84
Аминоах, Нехемия 69, 95
Амиталь, Иегуда 142, Amital, Judah 102
Аран, Гидеон 133, 135
Ахад-ха-Ам (Гинцбург, Ашер) 23, 35, 160
Ахитув, Йосеф 93
Барак, Эхуд 142
Бар-Илан, Меир 14, 47, 51, 62, 73, 75–78, 81, 84, 85, 87, 103, 112, 115, 128, 145–148, 156, 163
Барт, Элиезер 73

Бахья ибн Пакуда 33
Бевин, Эрнест 114
Бегин, Менахем 134, 137
Бен-Гурион, Давид 27, 115, 122, 132, 153
Бен-Натан, Рафаэль 124
Бентвич, Норман 57
Бергер, Питер 76, 163
Бергман, Шмуэль Хуго 153
Беркович, Элиезер 9, Berkovitz, Eliezer 11
Берлин, Меир — см. Бар-Илан, Меир
Берлин, Нафтали Цви (ха-Нецив) 5
Бернштейн, Иешаяху 66, 69, 70, Bernstein, Yeshayahu 9
Бет-Арие (Интрилигатор), Давид 70, 95
Биньямин (псевдоним Иегошуа Редлера-Фельдмана) 55, 75
Бубер, Мартин 19, 85
Бург, Иосеф 131, 140

Бялик, Хаим Нахман 23, 150
Вейсс, Даниэла 143
Ваксман, Ицхак 146
Вархафтиг, Зерах 101, 118, 122, 131
Вейншенкер, Рувен — см. Гафни, Рувен 70
Вейцман, Хаим 16, 19, 74, 85, 114
Вернус, Данни 131
Вейсс, Гилель 161
Виталь, Давид 7
Вольфсберг, Иешаяху — см. Авиад Иешаяху 75
Галеви, Иегуда 106
Галеви, Исаак 40
Гаон, Саадия 33, 34
Гафни (Вайншенкер), Рувен 70, 147
Гельман, Леон 145, 146, 148, 153–155, Gelman, Leon 153–155
Гениховский, Элиягу-Моше 70, Genichovsky Eliyahu Moshe 123
Герсонид, Лев 33
Герцль, Теодор 24, 27, 28, 71, 154
Герцог, Ицхак 58, 59, 100, 101, 113, 117, 119
Гешури, Шимон 69
Гинзбург, Ицхак 160
Гинцбург, Ашер — см. Ахад Ха-Ам
Гласнер, Моше Шмуэль 9, Glasner, Moshe Shmuel 9, 12
Голд, Зеев 114
Голдвич, Хаим Яаков 127
Голдман, Элиезер 93, Goldman, Eliezer 42, 93
Гольдман Нахум 10
Гордон, Аарон Давид 68

Горен, Шломо 10, Goren, Shlomo 10, 12
Грец, Генрих 35
Грин, Уильям Скотт 6
Давиди, Уди 163
Дрори, Зефания 138, 140
Друкман, Хаим 138, 140
Дубнов, Шимон 35
Дудкевич, Давид 160
Душинский, Иаков 13
Жаботинский, Зеев 86
Зейдель, Моше 146
Зелигер, Йосеф 36
Злотник, Иуда-Лейб (Авида) 15
Зоненфельд, Йосеф Хаим 59
Зурофф, Эфраим 148, Zuroff, Ephraim 101, 148
Исраэли, Шауль 141, Israeli, Shaul 120
Йосеф, Овадия 141
Йоспе, Рафаэль 6
Кадари, Менахем Цви 16, Kadari, Menachem Zvi 16, 100
Кадари, Шрага 85
Калишер, Цви-Гирш 92
Каниэль, Иегошуа 58, Kaniel, Yehoshua 19
Кант, Иммануил 80, 150
Капланский, Шломо 90
Карпель, Моти 161
Кастенбойм, Авраам 69
Кастнер, Рудольф 100
Кац, Йона 104
Кацбург, Давид Цви 14
Келлер, Шиви 163
Киссинджер, Генри 134
Киш, Фредерик Герман 90
Клаузнер, Иосиф 19

Котлер, Арон 150
Коэн, Ашер 118, Cohen, Asher 117, 118
Коэн, Герман 149
Коэн, Давид (ха-Назир) 10, 46, 47, 155
Коэн, Иона 142, Cohen, Yonah 142
Кроне, Моше 101, 131
Кук, Авраам Ицхак 9, 10, 26, 41–49, 51–59, 85, 90, 97, 106, 108, 109, 138, 139, 149, 155, 164–167, Kook, Abraham Yitzhak 12, 43, 44, 48, 51, 52, 54, 56
Кук, Цви Иехуда 43, 47, 107–109, 133, 137–142, 164, Kook, Zvi Yehuda 9, 12, 108
Ландау, Шмуэль Хаим (Шахал) 61, 63, 67–69, 73, 74, 82, Landau, Shmuel Hayyim (Shahal) 8, 68,
Ландауэр, Густав 66
Лев, Исаак 64, Lev, Isaac 95
Леванон, Элияхим 161
Леви, Ицхак 140
Левингер, Моше 137
Левинсон, Якоб 147
Лейбович, Иешаяху 118
Липсон, Мордехай 102, 145
Лифшиц, Элиезер Меир 34, 95
Лихтенштейн, Аарон 127, Lichtenstein, Aharon 127
Локштейн, Йосеф 147
Луз, Эхуд 25, 26, Luz, Ehud 19, 26, 28, 113
Маймон, Иегуда-Лейб 26, 36, 51, 71, 96, 101, 112, 113, 145, Maimon, Judah Leib 9, 33, 37, 56
Манекин, Моше-Цви 96 — см. Нерия, Моше-Цви
Маргалит, Шилох 158
Маргалиот, Рубен 15
Маркс, Карл 66
Маркус, Барух 58
Матар, Надя 143
Меламед, Барух Залман 138
Мельцер, Пинхас 95
Мичман, Дэн 110
Могилевер, Шмуэль 5
Моссинсон, Бенцион 39
Моцкин, Лео 19
Нерия, Моше-Цви 9, 96, 97, 102, 103, 118, 125, 138, 140, 141
Ниссенбаум, Ицхак 20, 36, 83, 86, 104, Nissenbaum, Yitzhak 36, 83, 86
Островский, Моше — см. Хамейри, Моше 73
Перес, Шимон 137
Пик, Хаим 75, 114
Пинкас, Давид-Цви 116
Порат, Ханаан 137
Рабин, Ицхак 134, 140, 142, 164
Рабинович, Элияху Акива 43
Равицкий, Авиезер 142, Ravitzky, Aviezer 139
Разаэль, Арон 163
Ран, Ади. 163
Рафаэль, Ицхак 131, Raphael, Yitzhak 41, 67, 79, 131
Ревель, Бернард 146
Редлер-Фельдман, Иегошуа 55 — см. Биньямин

Рейнес, Ицхак Яаков 11, 18–32, 36–38, 62, 65, 71, 78, 82, 89, 110, 151, 152
Розенберг, Шимон Гершон (Шагар) 164, Rosenberg, Shimon Gershon (Shagar) 164
Розенблют, Пинхас 67, 85
Розенхайм, Якоб 40, 78
Рубинштейн, Элияким 136
Руппин, Артур 85, 90
Сильман, Яаков 69
Симон, Эрнст Акива 95
Сломянский, Нисан 136
Соколов, Нахум 16
Соловейчик, Йосеф 13, 144, 149–153, 164–167, Soloveitchik, Joseph B. 13
Стайн, Батя 6
Тау, Цви Исраэль 138, 142, 159
Тор, Синай 163
Уна, Моше 70, 93, 94, 121, Unna, Moshe 9, 93, 94, 121
Фарбштейн, Йошуа Хешель 73
Фейглин, Моше 161
Фейхтвангер, Якоб 39
Филбер, Яаков 138, 140
Фишман, Арье 96, Fishman, Aryei 62, 64, 91, 96
Фишман, Иегуда-Лейб — см. Маймон, Иегуда-Лейб 36, 51, 73, 145
Фридман, Менахем 52, Friedman, Menachem 14, 52, 59, 75
Хамейри, Моше 55, 73, 75, Hameiri 62
Хаммер, Зевулун 131, 134, 140
Харлап, Якоб Мозес 47, 57, 85, 108, 109

Хар-Ной, Меир 136
Хар-Цион, Меир 137
Хасон, Габриэль 163
Хоффман, Якоб 148
Хургин, Пинхас 128
Чурш, Катриэль Фишель 16, 70, Tchursh, Katriel Fishel 78
Шамир, Ицхак 133, 137
Шапира, Авраам 140, 141
Шапира, Иешаяху 90
Шапира, Моше 70, 74, 87, 101, 113, 115, 121, 122, 123
Шапира, Йосеф 140, Shapira, Yosef 11
Шарон, Ариэль 142
Шафат, Гершон 136, Shafat, Gershon 136
Шварц, Дов, Schwartz, Dov 9, 12, 13, 21, 24, 28, 31, 41, 54, 78, 94, 108, 128, 139, 158, 163
Шерло, Юваль 161
Шилох (Шульц), Эфраим 104
Шрагай, Шломо Залман 69, 70, 74, 84, 95, 105–107
Штраус, Лео 25
Штерн, Элазар 162
Штрюк, Герман 75, 145
Элиаш, Иехиэль 97, 112, Eliash, Jehiel A. 112
Элияху, Шмуэль 161
Эцион (Гольцберг), Исаак Рафаэль 34
Эцион, Иегуда 135
Эшколи-Вагман, Хава 102, Eshkoli-Wagman, Hava 100, 103
Явец, Зеев — см. Явиц, Зеев 23, 31, Jawitz, Ze'ev 35
Явиц, Зеев 6, 23, 31–37, 43, 66, 73

Alfasi, Yitzhak 62
Almog, Shmuel 19
Amon, Nissim 162
Antman, Shalom 81
Arigur, Yitzhak 76
Avneri Yossi 9, 14, 47, 52, 70
Azrieli, Judah 131, 132
Bar-Eli, Zila 96
Bar-Lev, Mordechai 31, 95, 113, 126
Bat-Yehuda, Geula 18, 19, 36, 78
Baumel, Judith Tidor 158
Bat-Yehuda, Geula 18, 19, 36, 78
Baumel, Judith Tidor 158
Ben-Artzi, Hagi 42
Ben-Avram, Baruch 54
Ben-Ya'akov, Yohanan 116
Berlowitz, Yaffa 31
Bik, Abraham 70
Blank, Naomi 100
Boaz, Hagai 54
Cohen, Tovah 158
Cohen, Yedidia 95
Corinaldi, Michael 122
Don-Yehiya, Shabtai 65, 67
Don Yehiya, Eliezer 18, 36, 38, 75, 78, 101, 112, 115, 122, 127, 131, 132, 162
Dotan, Shmuel 15, 84
Eisenstadt, S. N. 17
Elam, Yigal 122
Eldar, Akiva 136
Eliash, Shulamit 103
Eliav, Mordechai 53
Elihai, Yosef 87
Eloni, Yehudah 38
El-Or, Tamar 152
Feingold, Henry L. 148

Fischerman Shraga 163
Friedman, Mordechai 148
Friesel, Evyatar 145
Galnoor, Itzhak 84
Garb, Jonathan 131, 162
Gardi, Nathan 70
Geller, Yaakov 81
Genizi, Haim 86, 100
Gorni, Joseph 93
Greenberg, Gershon 109
Hacohen, Dvorah 122
Halbertal, Moshe 24
Halperin, Samuel 144
Hamiel, Hayyim 41
Harari, Yehiel 160, 161
Hellinger, Moshe 78, 93
Holzberg, Raphael H. 34
Huberman, Hagai 136
Inbari, Motti 161
Intriligator, David — see Beth-Arieh, David.
Ish-Shalom, Benjamin 41
Kaniel, Shlomo 160
Kaplan, Lawrence J. 41
Katz, Shmuel 55
Katz, Yossi 88, 92
Katzburg, Nethaniel 37, 74, 88, 99
Kirsch, Yoram 158
Klausner, Israel 19
Klein, Menachem 128
Knohl, Dov 116
Knoller, Rivka 99
Kolatt, Israel 75
Kressel, Gideon 14, 54
Langental, Nahum 162
Leibowitz, Yeshayahu 118
Levanon Israel 81
Liebman, Charles S. 144

Michael, Reuven 35
Michman, Dan 82, 98, 110
Morgenstern, Aryeh 55
Near, Henry 54
Nehorai, Michael Zvi 11, 46
Newman, David 136
Patashnik, Aharon 81
Peles, Hayyim 88
Penkower, Monty Noam 78
Porat, Dina 102
Reines, Yitzhak Ya'akov 21, 24
Rosenak, Avinoam 41, 46, 78
Rosenberg-Friedman, Lilach 158
Rosner, Shlomo 95
Rubinstein, Abraham 15, 16, 50, 83
Rubinstein, Danny 136
Safrai, Zeev 92
Sagi, Avi 92
Salmon, Yosef 31, 62, 144
Schweid, Eliezer 18, 68
Shabtai, Daniel 115
Shapira, Anita 12, 68
Shapira, Israel 83
Shatz, David 41
Shatzberger, Hilda 113
Sheleg, Yair 157
Shiloh, Margalit 158
Shochetman, Eliav 141
Shragai, Shlomo Zalman 63, 65, 67, 79, 105–108
Tsur, Yaakov 148
Tzurieli, Odeya 162
Unterman, Isser Judah 116
Weinstein, Menachem 104
Warhaftig, Itamar 15, 55
Wiener Cohen, Naomi 144
Yaron, Zvi 41
Yerushalmi, N. 81
Zehavi, I. Zvi 14
Zertal, Idith 136
Zohar, Zvi 54, 117

Партии и организации:

«Агудат Исраэль» 38, 40, 46, 58, 72, 78, 81, 101, 121, 147, 149, 150
«Бахад» (Брит халуцим датиим) 62, 67, 71, 81, 82
«Берурия» 82
«Бней-Акива» 16, 82, 95–97, 100, 114, 125, 126, 133, 138
«Бнот Иерушалаим» 145
«Брит ха-хашмонаим» 112
Брит шалом 85
Всемирная сионистская организация (ВСО) 18, 22, 23, 25, 28, 63, 73, 74, 77, 86, 88, 89, 90
«Гахелет» («Гарьин халуцим ломдей Тора») 133, 138
Гистадрут 30, 61–63, 69–71, 118
Гистадрут ха-цаир ха-Эрец Исраэли ше-ал-яд ха-Мизрахи 61
«Гуш эмуним» 130, 132–139, 142, 143, 160
Движение против ухода с Синая 135
«Дегель Иерушалаим» 47, 50
Демократическая фракция 19
«Джойнт» 146

«Зихрон Яаков» 31, 82
«Зу арцену» 160
Игуд ха-рабаним 103
«Иецира у-биньян» 70
«Колех» 158
«Ла-мифней» 70
«Лехи» («Лохамей херут Исраэль») 112, 113, 137
«Ликуд» 124, 133, 134, 160
«Ликуд у-темура» 131
«Манхигут иехудит» 160
«Меймад» 141
«Мизрахи» 5, 6, 8–10, 14–16, 18, 19, 22, 23, 26–34, 36–43, 46, 47, 49–55, 58, 60–63, 65, 68–71, 73–79, 81–83, 86–88, 95, 96, 101–103, 112–116, 121, 128, 129, 145–149, 151, 153, 155
«Молодежь высот» 160, 163, 165
Национальная религиозная партия 16, 70, 124, 125, 129
«Неманей Тора ва-авода» 159
«Нетивот шалом» 141
«Тора ва-авода» 16, 63, 67, 69, 70, 82, 91, 95, 100, 101, 118
«Мацад» 140
«Моссад ле-алия бет» 104
Национальная религиозная партия (НРП) 129–132, 135, 140, 143, 158
«Овед ха-дати» 118
«Оз ве-шалом» 141
«Пальмах» 133, 136
Религиозный фронт 121, 122
«Тами» 135
Тенуат ха-мери ха-иври 114
«Тиферет Мизрахи» 145
Федерация американских сионистов 145, 146
Ха-брит ха-оламит шель цеирей ха-Мизрахи, Ха-поэль ха-Мизрахи ве Хе-халуц ха-Мизрахи 70
«Хагана» 74, 113
«Ха-ихуд ха-леуми» 159
«Ха-кибуц ха-дати» 91
«Ха-Мизрахи ха-ватик» 76
«Ха-Мизрахи ха-цаир» 61, 69
«Ха-мишмерет ха-цейра» 131
«Ха-поэль ха-Мизрахи» 14, 50, 60–72, 74, 75, 81, 86, 89–94, 96, 100, 104, 116–119, 121, 129, 131, 147, 149, 151
«Ха-сиах ха-мерказит» 131
«Ха-техия» 135
«Ха-халуц ха-Мизрахи» 61
«Ха-шомер ха-дати» 82
Хевер ха рабаним шел ха-поэль ха-Мизрахи 117
Хеврат ха-Эзра шел иехудей Германия 37
«Херут» 137
«Хибат Цион» 5, 6, 9, 11, 18, 19, 21, 28, 89
«Хугей ха-цейрим: цейрей ха-поэль ха-Мизрахи ле-шинуи репей ха-тенуах» 131
«Шас» 141, 143, 159
«Эли цур» 112
«Элон-море» 134
«Эль ха-макор» 70
«Эмуна» 158
«Эцель» («Иргун цвай леуми») 112, 113, 116, 137

Периодические издания:

«Дер Мизрахи вег» (журнал) 153
«Зераим» (журнал) 96
«Маамрей ха-райяах»
    (антология) 43
«Нетива» (журнал) 69
«Ха-зофех» (газета) 102, 114, 142
«Ха-иври» (газета) 145
«Ха-кедем» (журнал) 82
«Ха-Мизрахи» (журнал) 43, 82
«Ха-охела» (газета) 69
«Ха-пелес» (журнал) 43
«Ха-шомер ха-дати»
    (журнал) 82
«Шевилин» (журнал) 117

Содержание

Предисловие 5

Глава первая. Революционная сознательность 7
Глава вторая. Рабби Рейнес и создание «Мизрахи» 18
Глава третья. Религиозно-сионистское образование: истоки 30
Глава четвертая. Рав Кук: ортодоксально-национальная альтернатива религиозному сионизму 41
Глава пятая. Создание Главного раввината 50
Глава шестая. «Ха-поэль ха-Мизрахи»: против изгнания и буржуазии 60
Глава седьмая. Критика политики сионистов 73
Глава восьмая. Поселенческая деятельность 88
Глава девятая. Религиозный сионизм и холокост 98
Глава десятая. Первые годы существования Израиля: надежды и разочарования 111
Глава одиннадцатая. Из арьергарда в авангард: борьба за Великий Израиль 130
Глава двенадцатая. Религиозный сионизм в США 144
Глава тринадцатая. Религиозный сионизм: настоящее и будущее 157

Библиография 168
Указатель персоналий, партий, организаций и периодических изданий 190

Научное издание

Дов Шварц
РЕЛИГИОЗНЫЙ СИОНИЗМ
История и идеология

Директор издательства *И. В. Немировский*
Заведующий редакцией *К. Тверьянович*

Ответственный редактор *И. Знаешева*
Дизайн *И. Граве*
Редактор *Р. Рудницкий*
Корректоры *Л. Виноградова, Ю. Минутина-Лобанова*
Верстка *Е. Падалки*

Подписано в печать 25.03.2021.
Формат издания 60 × 90 $^1/_{16}$. Усл. печ. л. 12,5.
Тираж 500 экз.

Academic Studies Press
1577 Beacon Street, Brookline, MA 02446 USA
https://www.academicstudiespress.com

ООО «Библиороссика».
190005, Санкт-Петербург, 7-я Красноармейская ул., д. 25а

Эксклюзивные дистрибьюторы:
ООО «Караван»
ООО «КНИЖНЫЙ КЛУБ 36.6»
http://www.club366.ru
Тел./факс: 8(495)9264544
email: club366@club366.ru

*Знак информационной продукции согласно
Федеральному закону от 29.12.2010 № 436-ФЗ*

www.ingramcontent.com/pod-product-compliance
Ingram Content Group UK Ltd.
Pitfield, Milton Keynes, MK11 3LW, UK
UKHW022229200326
4878IPUK00006B/21